Veronika Paulmann

Köstlich und gesund
Dinkel

Mit der Hildegard-Medizin Erkrankungen natürlich vorbeugen.
100 raffinierte Koch- und Backrezepte für alle Gelegenheiten

Südwest

Inhalt

Dinkel erlebt, dank seiner hervorragenden Backeigenschaften und seines gesundheitlichen Werts, seit einigen Jahren wieder eine Renaissance.

Klassiker eines gesunden und köstlichen Frühstückstisches – Müsli mit Früchten.

Süß, erfrischend und köstlich – der Aprikosenschmarren.

Gaumengenuss pur – gebackene Dinkelklößchen.

Dinkel ist ein hervorragendes Backgetreide.

Vorwort

Wer frische Lebensmittel bevorzugt, überwiegend pflanzliche Kost verzehrt und seinen Speiseplan vielseitig und abwechslungsreich gestaltet, schafft beste Voraussetzungen für eine stabile Gesundheit.

Der Einzelne hat es selbst in der Hand, sich vollwertig und gesund zu ernähren. Frisches Obst und Gemüse, Vollkorngerichte, Kartoffeln und Reis sind eine optimale Ernährung. Die Hildegard-Küche überliefert viele Rezepte für eine gute und schmackhafte Ernährung.

So sicher wie heute war unsere Nahrung noch nie: Wer Pilze oder Beeren kauft, wird darin kein giftiges Exemplar finden. Verschimmelte Nüsse kommen gar nicht erst in den Laden, Getreide ist verlesen, Milch pasteurisiert. Wir müssen kaum Gesundheitsschäden durch fehlende Hygiene fürchten. Und wir leben im Überfluss: Hunger ist in unseren Breiten zum Fremdwort geworden.

Trotzdem stimmt etwas nicht mit unserem Essen. Experten warnen vor zu viel Fett, zu viel Salz und zu viel Zucker. Lebensmittelskandale schrecken die Verbraucher auf. Krankheiten aufgrund falscher Ernährung nehmen stetig zu. Viele Menschen sind von Allergien geplagt, bereits Kinder leiden an Zöliakie, einer Stoffwechselkrankheit, die »normal« essen lebenslang unmöglich macht.

Alternative Ernährungsformen

Wir empfinden Unbehagen bei Fast Food und den industriell gefertigten Lebensmitteln »von der Stange«, die sich in Aroma, Aussehen und Geschmack gleichen. Mehr denn je legen wir Wert auf die Heilwirkung unserer Nahrung. Alternative Ernährungsformen spielen deshalb eine große Rolle. Lange Zeit wurde belächelt, wer sich hauptsächlich von Getreide und Brot, Gemüse und Obst, Salat und Rohkost ernährte, wer Milch und leichten Käse, Nüsse und Hülsenfrüchte statt Fleisch auf den Tisch brachte.

Heutzutage wissen wir, dass diese Menschen keineswegs den leiblichen Genüssen abgeschworen hatten. Sie hatten nur einen notwendigen Trend erkannt. Experten bestätigen, dass diese Ernährung genau die richtige für unsere Gesundheit ist. Dieses Umdenken, das in den letzten Jahren immer mehr Menschen nachvollzogen haben, erklärt den Erfolg der Hildegard-Küche mit Dinkel und vielen verschiedenen Kräutern, mit guten Fetten und Ölen, mit maßvollem Genuss von Fleisch, Geflügel, Eiern und Fisch.

Kochen mit Dinkel – leicht und schnell

Die praktische Anleitung für diese Küche, die uns alles gibt, was wir zum Wohlfühlen brauchen, bietet Ihnen ein ausführlicher Rezeptteil. Keine Angst – simple Körnerkost ist nicht angesagt. Im Gegenteil: Dinkel und alle Lebensmittel aus dieser uralten Getreidesorte bieten schier unglaubliche Abwechslung für herzhafte Hauptgerichte und Knuspriges aus dem Backofen, leichte Salate und köstliche Desserts. Müsli, Brot und Brötchen bereichern den Frühstückstisch, Snacks stillen den kleinen Hunger. Sie finden den Kuchen zum gemütlichen Kaffeeklatsch und natürlich die Plätzchen für Ihren bunten Weihnachtsteller. Grünkern ist das wichtigste und vermutlich bekannteste Dinkelprodukt und gehört fast schon zur schnellen Küche – zumindest aber zum Feinsten, was die Getreideküche zu bieten hat.

Wir wollen auch im Kulinarischen wieder zurück zur Natur, wünschen uns, dass Essen schmeckt, dass es uns wohl tut und uns die Fitness schenkt, die uns gegen Stress und Umweltbelastungen stärkt.

Grünkern zählt zu den feinsten Getreidesorten und überzeugt durch seinen zarten, nussigen Geschmack.

Hildegard von Bingen – geschichtlicher Exkurs

Hildegard von Bingen, im 11. Jahrhundert geboren, war eine der herausragenden Persönlichkeiten des europäischen Mittelalters. Ihre naturwissenschaftlichen Schriften zu Heilkunde und Diätetik finden bis heute Anerkennung.

Das Leben und Wirken der Hildegard von Bingen wurde über alle Grenzen bekannt. Besonders ihre Werke über die Bedeutung der Natur und deren Nutzen bei Erkrankungen brachte ihr den Ruf als erste deutsche Naturwissenschaftlerin und Ärztin ein.

Sie wurde 1098 als zehntes Kind aristokratischer Eltern geboren. Mit acht Jahren schickte man sie in eine Klause, die zum Benediktinerkloster Disibodenberg gehörte. Dieses Gebäude an der Außenmauer des Klosters kann man sich als räumlichen Vorhof und zeitliche Vorstufe zu ihrem eigenen Klosterleben und weiter zu ihrer Selbstentfaltung vorstellen: Erstens galt ein Kloster im Mittelalter als abgeschlossener Raum, dessen Gebäudekomplex mit Kirche, Gebets-, Wohn- und Wirtschaftsräumen nur die eigentlichen Klosterangehörigen, nicht die Laien betreten durften. Zum Kloster gehörten aber ausgedehnte Ländereien, Bauernhöfe und Einsiedlerhäuschen. Schließlich mussten die Mönche sich selbst und ihr Personal versorgen, mussten allen, die ins Kloster eintreten wollten, Wohn- und Meditationsräume bieten.

Zweitens war das Kloster auf dem Berg des Heiligen Disibodus ein Männerkloster. Den Frauen stand also nur eine Klause, eine Einsiedelei außerhalb der Klostermauern, zur Verfügung. Sie unterstanden den Mönchen geistlich; da nur Männer das Priesteramt bekleiden können, brauchen Nonnen bis heute Beichtvater und Priester für die Messe in der Klosterkirche. Sie waren auch wirtschaftlich von ihnen abhängig, weil die Mönche das Vermögen der adligen Klausnerinnen verwalteten.

Ein Leben hinter Klostermauern

Erst 1150 trennte sich Hildegard – inzwischen Meisterin der Klause – mit einigen Mitschwestern vom Disibodenberg und gründete auf dem Rupertsberg ihr eigenes Benediktinerinnenkloster, dem sie als Abtissin vorstand.

Als Kind zog Hildegard also in diese Einsiedelei, wo es von seiner Lehrerin und – wie wir heute sagen würden – wichtigsten Bezugsperson Jutta von Spanheim im Singen von Psalmen und im Harfespiel unterrichtet wurde. Nur von diesen beiden »Unterrichtsfächern« spricht die Biographie Hildegards – und untertreibt damit gewaltig. Denn die adlige Dame hat ihren Zögling beim Erlernen und Verstehen der Psalmen natürlich in das Studium der Bibel eingeführt. Da die Bibel damals noch nicht übersetzt war, brauchte Hildegard Kenntnisse der lateinischen Sprache. Vermutlich lernte sie sogar schreiben – zu ihrer Zeit keine Selbstverständlichkeit, denn dafür gab es eigens ausgebildete Menschen, meist ebenfalls Nonnen oder Mönche.

Jutta von Spanheim förderte auch Hildegards geistige und seelische Entwicklung. Sie bemerkte die Visionen des jungen Mädchens und erzählte einem befreundeten Mönch davon. So wurde der Weg Hildegards zu einer der größten Frauengestalten des europäischen Mittelalters von zwei verständnisvollen Menschen geebnet.

Powerfrau des Mittelalters

In den kommenden Jahren erlangt sie durch ihre Fähigkeiten immer größeres Ansehen. Päpste, Könige, Bischöfe, Herzöge, selbst Hilfesuchende aus fernen Ländern suchen sie als Ratgeberin und Wegweiserin auf. Sie selbst macht sich auf und verbreitet ihre Botschaft auch außerhalb der Klostermauern. An Hildegards Bedeutung als Mystikerin, Dichterin, als Ratgeberin von Kaiser und Papst, als streitbare Frau und einfühlsame Lehrerin zweifelt heute niemand mehr. Hinzu kommen ihre naturwissenschaftlichen Schriften zu Heilkunde und Diätetik: »Die Sorge für den Kranken steht vor und über allen anderen Pflichten. Man soll ihnen wirklich wie Christus dienen«, heißt es in ihrer »Physica«, deren Titel im Erstdruck des 13. Jahrhunderts noch »Liber simplicis medicinae« lautete – also etwa »Grundlagen praktischer Heilkunde«.

Heilpflanzen nehmen bei Hildegard eine Schlüsselstellung ein; darin stimmt die gelehrte Frau des Mittelalters mit der modernen Phytotherapie und den Forschungen zu Bioaktivstoffen in Pflanzen überein. Ihr ganzheitliches Konzept der Ernährungslehre trifft sich mit Ayurveda und chinesischer Heilküche. Viele Kräuter der alten Klostergärten, die Hildegard in der Therapie empfahl, spielen heute noch eine große Rolle in Küche und Naturheilkunde.

Dinkel wurde bis vor 100 Jahren in Deutschland, Frankreich und der Schweiz in großen Mengen angebaut. Dann geriet er etwas in Vergessenheit. Seit einigen Jahren erlebt er wieder einen Aufschwung.

Sein leichtes Aroma nach Nüssen macht Dinkel zur Delikatesse unter den Körnern. Seine Backelgenschaften sind noch besser als die von Weizen: Dinkelbrote aus Vollkorn backen besonders locker – auch ganz ohne Zusatz von weißem Mehl.

Ein Traditionskorn auf Karrierekurs

Dinkel macht bei der traditionsbewussten und dabei so modernen Hildegard-Küche den Löwenanteil des Essens aus. Erst in den vergangenen Jahrzehnten ist das »Schwabenkorn« durch die Schriften der Äbtissin vom Rhein wieder bekannt geworden. Doch viele Jahrhunderte lang zählte er zu den überaus geschätzten Getreidearten – kein Wunder, dass die Traditionsküche wunderbare Gerichte mit Dinkel kennt, dass Großmutters Back- und Kochbücher Dinkelrezepte in Hülle und Fülle enthalten, dass er in der einfachen und doch so raffinierten Klosterküche immer präsent war. Denn wie Weizen, sein nächster Verwandter, besitzt Dinkel weit bessere Backeigenschaften als Roggen oder Hafer, er schmeckt viel milder als Gerste oder Buchweizen und lässt sich vielseitiger verwenden als Hirse. Die europäischen Grundnahrungsmittel Brot und Nudeln kann man nur mit kleberreichem Mehl aus Dinkel oder Weizen herstellen. Reis, für die Menschen in Mitteleuropa ohnehin ein »Exote«, konnte sich nur in Spanien und Italien durchsetzen. Mais, ebenfalls eine Getreidesorte von großer Bedeutung, gelangte erst durch Portugiesen und Spanier aus der Neuen Welt nach Europa und blieb regional auf die mediterrane Küche beschränkt.

Genuss und Gesundheit – bei Dinkel kein Problem

Bei einem Lebensmittel, das die Basis unserer Ernährung bildet, geht es natürlich nicht nur um den Genusswert. Genauso wichtig ist, wie gut und anhaltend es uns nährt, wie es unserer Gesundheit dient und wie lange es »vorhält« – in früheren Zeiten knapper Kost ein bedeutsamer Aspekt, den wir uns auch heute zunutze machen können. Denn für uns geht es ja nicht mehr darum, genug zu essen, sondern das Richtige. Wir finden ein Überangebot an Lebensmitteln. Von Raum und Klima unabhängig können wir alles zu jeder Zeit kaufen. Wichtig ist es jedoch, Lebensmittel auszusuchen, die unserem Körper gut tun. Viele von uns müssen aus gesundheitlichen Gründen auf ihre Figur achten, müssen zu viel tierisches Fett und Cholesterin meiden und darauf achten, ihr Eiweißsoll nicht zu überschreiten. Dinkel schneidet bei dieser Checkliste besonders gut ab: Er »ist das beste Getreide, … fett und kräftig, und er ist milder als andere Getreidearten«, heißt es bei Hildegard. Sie betont sowohl seinen physiologischen Wert als auch seine positive Wirkung auf unsere Psyche: »… er macht frohen Sinn und Freude im Gemüt des Menschen«. Dinkel gilt als besonders gut verdaulich; er stimuliert das Immunsystem und bringt aufgrund seiner guten Wasserlöslichkeit im Magen- und Darmtrakt die Vitalstoffe rasch ins Blut. Davon profitieren die Körperzellen: Nerven und Muskeln, Leber und Galle, Herz und Gehirn, Lunge, Nieren und alle anderen inneren Organe werden optimal durchblutet und gestärkt.

Die meisten Menschen vertragen Dinkel besser als Weizen; das liegt vermutlich an der ausgewogenen Fett-Eiweiß-Relation des »Schwabenkorns«.

Für Gesunde und Kranke

Dinkel ist die einzige Getreideart, die Hildegard für Gesunde und Kranke gleichermaßen empfiehlt: »Und wenn einer so krank ist, dass er vor Krankheit nicht essen kann, dann nimm die ganzen Körner des Dinkels.« Zur gesunden Ernährung für mehr Wohlbefinden gehört ja, dass man alle Verdauungsorgane »beschäftigt« und keines davon schont. Das ist die beste Gewähr für ihre gesunde Funktion bis ins hohe Alter. »Schonkost«, wie man sie noch bis in die 80er Jahre bei bestimmten Leiden des Verdauungstraktes empfohlen hat, ist für Experten schon lange kein Thema mehr. Und je ausgewogener und vielseitiger wir uns ernähren, desto wohler werden wir uns fühlen.

Wer sich vielseitig und abwechslungsreich ernährt, führt dem Körper alle lebenswichtigen Nährstoffe zu und braucht nicht auf Mineral- und Nährstoffpräparate auszuweichen.

Besonders hochwertiges Eiweiß ergibt die Kombination von Getreide und Milchprodukten und/oder Nüssen – ein Essen, das zur Tradition vieler Völker zählt und heute als Müsli auf vielen Frühstückstischen steht.

Besser essen, gesünder leben

Bei einer gesunden Ernährung kommt es darauf an, die Nahrung so zusammenzustellen, dass der Organismus mit allem versorgt wird, was er zum Funktionieren braucht. D. h., pflanzliche Lebensmittel müssen folgende Voraussetzungen erfüllen:

● Sie sollen dem Körper genügend Eiweißbausteine liefern.
● Sie sollen reichlich Kohlenhydrate und Ballaststoffe für gute Verdauung und gesunden Darm liefern.
● Sie sollen Vitamine und Mineralstoffe für alle Stoffwechselvorgänge zur Verfügung stellen.
● Sie sollen den Körper mit Bioaktivstoffen für ein starkes Immunsystem versorgen.

Grünkern – Kraftpaket für Feinschmecker

Die grünbraunen Dinkelkörner wurden etwa 150 Jahre nach dem Tod Hildegards von Bingen »entdeckt« und können deshalb noch nicht Bestandteil der Hildegard-Küche sein: Im 14. Jahrhundert waren die Sommer feucht und kalt, und Dinkel, das Hauptgetreide, drohte am Halm zu verfaulen. Die Bauern waren gezwungen, es milchreif zu ernten: Der Mehlkörper war noch nicht fest, sondern milchig und beinahe flüssig. Um die Körner haltbar zu machen, wurden sie über Holzfeuer langsam getrocknet – »gedarrt«. Das hatte Vorteile: Erstens waren sie leichter verdaulich als ausgereifter Dinkel, zweitens garten sie schneller, und drittens schmeckten sie nussartig mit leichtem Räucheraroma. Grünkern ist heute noch der Favorit gesunder Küche: Mit wertvollen B-Vitaminen, hohem Eiweißgehalt, leicht verdaulichem Fett und darmfreundlichen Ballaststoffen enthalten sie wichtige Bausteine für den Körper. Grünkern und alle seine Produkte bieten eine große Vielfalt: Von den berühmten Grünkernpflänzchen über leichte Cremesuppe aus Schrot zu herzhaften Klößen, von geschmorten Körnern mit Tomaten und/oder Pilzen bis zu Füllungen für Geflügel eignet er sich für fast alles, was Sie auch mit Dinkel zubereiten. Nur backen können Sie mit Grünkern allein nicht: Er enthält noch kein Klebereiweiß, weil die Körner unreif geerntet und bearbeitet werden. Bei Teig für Brot oder Kuchen nehmen Sie deshalb drei Viertel Dinkel und nur ein Viertel Grünkern. Für Kuchenböden und flache Plätzchen kann das Verhältnis auch zwei Drittel Dinkel und ein Drittel Grünkern sein.

Eiweiß – Baustein des Lebens

Bei der optimalen Eiweißzufuhr kommt es nicht nur auf den Proteingehalt der Lebensmittel, sondern auf die so genannte biologische Wertigkeit des Eiweißes an. Hochwertiges Eiweiß kann der Organismus deshalb am besten verwerten, weil es in der Zusammensetzung seiner einzelnen Bausteine am meisten dem körpereigenen Eiweiß gleicht. Wenn der Körper es aufnimmt, arbeitet er damit gewissermaßen ohne unnötigen Verschleiß: Er muss sich – vereinfacht ausgedrückt – nicht erst aus der Fülle der Nahrung die Eiweißbausteine herauspicken, die er braucht, sondern bekommt auf einen Schlag die optimale Zusammensetzung. Damit ist auch klar, dass es nicht um das »Wieviel« an Eiweiß, sondern nur um die bestmögliche Kombination verschiedener Proteine geht.

Eiweiß ideal kombiniert

Tierisches Eiweiß gleicht in seiner Zusammensetzung dem körpereigenen, ist deshalb hochwertig. Jeder pflanzliche Eiweiß-

Eiweiß ist für unseren Körper lebensnotwendig, d. h. jedoch nicht je mehr, desto besser. Wünschenswert ist es, den Fleisch- und Wurstverzehr einzuschränken und hochwertiges Eiweiß aus pflanzlichen Lebensmitteln auszuwählen.

träger enthält weniger essenzielle (lebensnotwendige) Aminosäuren, ist folglich nicht so hochwertig. Da wir mit der Nahrung jedoch nicht nur Proteine einer Sorte – z. B. aus Hülsenfrüchten, aus Milch oder aus Getreide – aufnehmen, sondern eine gemischte Kost essen, die sich aus verschiedenen Proteinen zusammensetzt, ergänzen sich die verschiedenen Eiweißbausteine. Manche Lebensmittel enthalten essenzielle Aminosäuren in geringerer, manche in höherer Menge. Kombiniert man in einer Mahlzeit pflanzliches Eiweiß mit anderem (eventuell ebenfalls pflanzlichem) Eiweiß, so erhält man das hochwertige Eiweiß, das der Organismus braucht. Und nicht nur das: Pflanzliche Proteine, richtig miteinander kombiniert, sind biologisch ebenso hochwertig oder sogar hochwertiger als tierisches Eiweiß allein. So ergänzt sich Dinkel hinsichtlich des »besten« Proteins hervorragend mit Milch und Käse, Quark und anderen Sauermilchprodukten, mit Hülsenfrüchten und Tofu.

Dinkel liefert zwei wichtige Aminosäuren: Tryptophan für ausgeglichene Stimmung und Phenylalanin, das die Produktion von bestimmten Hormonen sichert, die positiv auf den Blutdruck wirken.

Kohlenhydrate – wichtig für das Wohlbefinden

Wie alle pflanzlichen Lebensmittel enthält Dinkel vor allem Kohlenhydrate, die ein wesentlicher Bestandteil richtiger, gesunder Ernährung sind. Kohlenhydrate werden in der Ernährungswissenschaft unterteilt, und zwar nach drei Gruppen: erstens die schwer lösliche Stärke, zweitens der leicht lösliche Zucker und drittens die unverdauliche Zellulose, die man allgemein als Ballaststoffe bezeichnet.

Am besten Stärke

Für eine gesunde Ernährung sind stärkehaltige Produkte wie Getreide (auch Kartoffeln und Hülsenfrüchte) am besten, denn sie machen dem Körper bei der Verdauung am meisten Arbeit, sättigen deshalb auch nachhaltig: Schwer lösliche Stärke wird im Organismus nach und nach in Zucker umgewandelt, und dieser langsame Prozess ruft dann das angenehme Gefühl der Sättigung hervor. Die Verdauung der Kohlenhydrate beginnt mit Hilfe des Speichels bereits im Mund. Bei Mahlzeiten mit Getreide sollte man deshalb immer gut kauen. Überhaupt ist ja ein wichtiges Kriterium gesunden Essens, dass die Produkte nicht zu stark zerkleinert und nicht zu weich gekocht werden und dass möglichst jedes Gericht auch mit etwas Rohkost ergänzt wird. Die Zähne haben also mehr Arbeit als bei Normalkost. Gerade anfangs, wenn Sie Ihre Ernährung erst umstellen, ist gründliches Kauen besonders notwendig, sonst könnte es zu Beschwerden kommen, weil Sie Ihrem Verdauungstrakt zu viel auf einmal zumuten.

Unerwünschter Zucker

Bei der zweiten Gruppe der Kohlenhydrate, dem leicht löslichen Zucker, tritt sofort ein Sättigungseffekt ein. Weil der Körper jedoch den Zucker verwerten kann, ohne ihn erst umwandeln zu müssen, hat er gewissermaßen keinerlei Arbeit mit der Verdauung. Man ist zwar rasch satt, spürt jedoch auch ebenso rasch wieder Heißhunger, denn der Blutzuckerspiegel sinkt genauso plötzlich ab, wie er zuvor angestiegen ist. Ein weiterer unerwünschter Effekt beim leicht löslichen Zucker: Generell entziehen Kohlenhydrate dem Körper Vitamin B1. Nur: In jedem Getreide, das Sie als ganzes Korn oder Vollkornprodukt essen, ist dieses Vitamin so reichlich enthalten, dass es bei der Verdauung gar nicht erst zum Vitaminverlust kommen kann.

Kohlenhydrate sollen den Hauptbestandteil unserer Nahrung ausmachen: 50 bis 60 Prozent des gesamten täglichen Energiebedarfs.

Ballaststoffe – gesunder Träger

Diese unverdaulichen Bestandteile pflanzlicher Lebensmittel kommen in den Zellwänden von Getreide, Hülsenfrüchten, Gemüse und Obst vor. Die etwas abwertende Bezeichnung stammt

13

noch aus einer Zeit, als man die hundertprozentige Verdaulichkeit der Nahrung als das Beste ansah. Da man Ballaststoffe lange Zeit für vollkommen wertlos für den Organismus hielt, maß man ihnen auch keinerlei Bedeutung für die Ernährung zu. Inzwischen hat die Ernährungswissenschaft nachgewiesen, dass Ballaststoffe eine wichtige Funktion für die Verdauung haben und chronische Verstopfung verhindern können. Man weiß jetzt auch, dass sie chronischen Darmleiden und sogar Dickdarmkrebs vorbeugen können, weil sie schädliche Keime in Schach halten, das Wachstum der gesunden Darmflora fördern und unser Immunsystem stärken.

Die Richtwerte für die notwendige Aufnahme von Ballaststoffen schwanken. Manche Experten halten etwa 20 Gramm täglich für ausreichend, andere empfehlen bis zu 40 Gramm.

Für lange Sättigung

Ballaststoffe bewirken nämlich zweierlei: Da sie viel Flüssigkeit aufnehmen, vergrößern sie den Darminhalt, der auf diese Weise schneller transportiert und ausgeschieden wird. Außerdem binden sie Schad- und Fäulnisstoffe, die sich teilweise im Darm selbst bilden oder auch mit der Nahrung aufgenommen werden. Günstig auf die Darmfunktion wirken vor allem die Ballaststoffe von Getreide, Vollkornprodukten und Brot aus dem vollen Korn. Bestimmte Ballaststoffe können sogar den Cholesterinspiegel im Blut senken. Als nützlichen Nebeneffekt leisten Ballaststoffe auch noch einen Beitrag zur schlanken Linie: Indem sie im Verdauungstrakt aufquellen, rufen sie über einen längeren Zeitraum das Gefühl der Sättigung hervor.

Vitamine – ständiger Bedarf

Neben den Grundbausteinen wie Eiweiß, Fett und Kohlenhydraten enthält unsere Nahrung noch andere Bestandteile, die zwar keine Energie liefern, für den menschlichen Organismus jedoch lebenswichtig sind: Vitamine. Ebenso wenig wie essenzielle Eiweiß- oder Fettbausteine kann der Körper die Vitamine selbst bilden. Allerdings kann er die fettlöslichen Vitamine A, D, E und K über einen gewissen Zeitraum hinweg speichern, so dass man sie nicht ständig aufnehmen muss. Bei den wasserlöslichen Vitaminen – das sind der gesamte B-Komplex und das bekannte Vitamin C (Askorbinsäure) – ist das nicht möglich: Wenn sie nicht laufend mit der Nahrung zugeführt werden, zeigen sich schon rasch Mangelerscheinungen. Dinkel spielt bei der Vitaminversorgung eine bedeutsame Rolle:

- Thiamin (B1) ist für den Stoffwechsel in den Muskeln nötig.
- Niazin (B3) unterstützt den Zellstoffwechsel.
- Riboflavin (B2) sorgt für gutes Sehen und gesunde Haut.
- Vitamin E gehört zu den wirksamsten Anti-Kanzerogenen und schützt die Zellwände.

Die Dosis macht's

Übrigens schadet dem Körper nicht nur eine unzureichende Vitaminzufuhr, sondern auch ein Zuviel: Vitamin A bewirkt dann z. B. Knochenveränderungen. Zu einer Überversorgung mit Vitaminen kann es jedoch bei der normalen, gemischten Kost nicht kommen. Auch die Unterversorgung mit Vitaminen ist ziemlich selten, wenn man sich wirklich abwechslungsreich ernährt und frische Lebensmittel verzehrt. Auf die Einnahme von Vitamintabletten kann man dann getrost verzichten.

Mineralstoffe – gut für die Gesundheit

Für Mineralstoffe gilt Ähnliches wie für Vitamine: Der Körper kann sie nicht selbst bilden, benötigt sie jedoch für bestimmte Funktionen. Häufig spricht man auch noch von Spurenelementen. Das ist im Grunde dasselbe wie Mineralstoffe und bezieht sich nur auf die Mengen, die der Körper braucht: Diese werden bei Mineralstoffen wie Natrium, Kalium, Phosphor, Magnesium, Eisen und Fluor in Milligramm (mg) gemessen, bei Spurenele-

Durch unsere verfeinerte Ernährung kommen die Vitamine des B-Komplexes oft zu kurz. Deshalb ist es so wichtig, Dinkel und Grünkern oft auf den Speisezettel zu setzen.

menten wie Kalzium, Zink, Selen und Jod in Mikrogramm bis Milligramm.

Kalium und Natrium sind für die Regulierung des Wasserhaushaltes im Organismus verantwortlich, Zink lenkt Stoffwechselprozesse, Kalzium hilft bei Aufbau und Erhaltung von Knochen und Zähnen. Magnesium lässt uns gute Nerven behalten, Phosphor sorgt für Zellaufbau und Energiehaushalt. Fluor wirkt vorbeugend gegen Karies und hält Knochen und Zähne gesund. Von all dem bekommen Sie mit der Hildegard-Küche so reichlich, dass Sie sich keinerlei Gedanken über eine ausgewogene Ernährung machen müssen.

Getreide enthält viel Nickel. Bis jetzt gibt es aber noch wenige Untersuchungen zu Gehalt und Bedarf. Das Spurenelement ist wichtig für die Blutbildung und spielt vermutlich beim Zuckerstoffwechsel eine Rolle. Manche Menschen reagieren allergisch auf nickelhaltigen Modeschmuck mit Hautausschlägen. Vielleicht könnte es auch durch nickelhaltige Lebensmittel und Kochgeschirr zu Allergien kommen. Die Mengen müssten allerdings bei 500 bis 6 000 Milligramm liegen. Und das ist bei normaler Ernährung bei weitem nicht der Fall, selbst wenn man überwiegend mit vernickelten Kupferpfannen kocht.

Bioaktivstoffe – Stärkung für das Immunsystem

Diese Stoffe gehören zum Spannendsten, was die Ernährungsforschung in den vergangenen Jahren entdeckt hat: Substanzen, die nur in Pflanzen vorkommen und im menschlichen Organismus wie Arzneimittel wirken. Zu den Bioaktivstoffen zählen außer Vitaminen und Mineralstoffen vor allem ätherische Öle, Ballaststoffe, organische Säuren, Farb- und Aromastoffe.

Sellerie und Fenchel

Viele Heilwirkungen, die Hildegard für Kräuter und Gemüse nennt, konnte die moderne Forschung bestätigen: Sellerie z. B. empfiehlt sie gegen Gicht und rheumatische Beschwerden. Der Gehalt an harntreibendem ätherischem Öl vor allem in den Samen kann diese Beschwerden tatsächlich lindern. Fenchel, so schreibt Hildegard, mache den Menschen fröhlich und »vermittelt ihm angenehme Wärme und guten Schweiß, und der verursacht gute Verdauung«. Das ätherische Öl mit den Hauptbestandteilen Fenchon und Anethol wirkt entspannend auf die Muskulatur des Magen-Darm-Traktes, regt den Gallenfluss an und beseitigt Blähungen. Und wir alle wissen, wie stark Beschwerden im Bauch auf unsere gesamte Stimmung wirken, wie wohl wir uns fühlen, wenn in Magen und Darm alles in Ordnung ist, wenn die Verdauung problemlos funktioniert.

Knoblauch und Galgant

Ganz im Sinne von Feinschmeckern und Ernährungswissenschaftlern ist ihr Rat, möglichst nur frischen Knoblauch zu essen: »Wenn aber der Knoblauch alt ist, dann vergeht sein gesunder und rechter Saft.« Galgant, der feine Verwandte des Ingwers, ist noch heute Bestandteil von Magentees, weil seine scharfen Inhaltsstoffe die Magensaftsekretion fördern. Hildegard verordnet ihn außerdem bei Fieber: »Ein Mensch, der ein hitziges Fieber in sich hat, pulverisiere Galgant und trinke dieses Pulver in Quellwasser.« Das entspricht der Auffassung, dass ein Lebensmittel, das aufgrund seiner Schärfe Hitze im Körper erzeugt, die Er-»Kältung« beseitigen kann. So wird der verwandte Ingwer in der chinesischen Medizin als wichtiges fiebersenkendes Mittel eingesetzt.

Bioaktivstoffe gelten als unverzichtbarer Bestandteil gesunder Ernährung, weil sie frei von Nebenwirkungen eine ganze Reihe von Zivilisationskrankheiten verhindern und sogar bekämpfen. Sie scheinen die wirksamsten natürlichen Schutzstoffe gegen Krebs zu sein.

Knoblauch zählt zu den gesündesten Lebensmitteln. Seine ätherischen Öle sorgen für das stechende Aroma und den scharfen Geschmack. Gleichzeitig wirken sie vorbeugend gegen Arterienverkalkung.

Dinkel – Herkunft und Verarbeitung

Das Dinkelkorn ist aus verschiedenen Schichten aufgebaut: Die äußeren Randschichten werden beim Ausmahlen der Körner (Mehl mit kleiner Typenzahl) entfernt. Je höher die Typenzahl, desto mehr Randschichten und somit auch mehr Mineralien und Ballaststoffe.

Früher waren Nudeln gekochte oder gebackene Teigstücke wie Klöße – die bayerische Spezialität »Dampfnudeln« oder die süddeutsche Bezeichnung »Schmalznudeln« für frittierte süße Hefeteilchen zeugen noch davon.

Dinkel ist verwandt mit den Urweizen Emmer und Einkorn, nächster Verwandter unseres Weichweizens. Ausgrabungen haben gezeigt, dass er zu den ältesten Getreidearten gehört, die der Mensch verwendet hat – übrigens nicht nur in Europa. Fundstellen von prähistorischem Dinkel aus dem 6. und 5. Jahrtausend vor unserer Zeitrechnung stammen aus Westgeorgien am Schwarzen Meer, aus den Tälern des Ararat-Gebirges und aus Mesopotamien. Noch heute wird Dinkel in Armenien und bestimmten Regionen des Irans kultiviert. Europäische Dinkelfunde sind jünger: In Dänemark gehört er ab etwa 1900 v. Chr. zu den Getreidevorräten, in Süddeutschland erst 800 Jahre später. Von etwa 800 v. Chr. bis zur Zeitenwende wanderte der Anbau nach Südengland und nach Österreich. Zur römischen Zeit findet man ihn sehr häufig, doch nur nördlich der Alpen; die Römer mochten Weizen lieber. Doch in Mittel-, West- und Nordeuropa wurde er langsam zum wichtigsten Getreide für Brot, Brei, Klöße und Nudeln.

Dinkel für wohlhabende Leute

Sicher ist, dass feinen Dinkel die »besseren Leute« aßen, während die kräftige Gerste und der fettreiche Hafer zum Getreidevorrat der weniger Wohlhabenden gehörte. Denn für Dinkel bekamen die Bauern bessere Preise auf dem Markt als für die übrigen Getreidearten. Dies lag daran, dass man nur aus Dinkel wirklich gutes Brot backen konnte. Hinzu kam, dass der Backofen viele Jahrhunderte lang keineswegs zur normalen Küchenausstattung zählte, wie wir es heute gewohnt sind, sondern nur in wenigen vornehmen Häusern zu finden war.

Dinkel liebt raues Klima

Im Spätmittelalter war Dinkel das wichtigste Brotgetreide in der Schweiz, und man importierte ihn aus Deutschland, um den Bedarf zu decken. Am häufigsten kultiviert wurde er in eher rauen Regionen: im Schwarzwald, in Oberschwaben und in der Schwäbischen Alp. Doch auch klimatisch besonders milde Anbaugebiete an Neckar, Rhein und Mosel sind überliefert. Noch vor 100 Jahren war Dinkel das Hauptlebensmittel der Schwaben, und diese Vorliebe hat sich bis heute erhalten – richtige Schwäbische Spätzle macht man einfach mit Dinkelmehl!

Dinkel heute

Er ist viel robuster als Weizen, stellt keine Ansprüche an Boden oder mildes Klima, übersteht auch kalte Winter unbeschadet, ist ziemlich widerstandsfähig gegen Pilzerkrankungen und braucht keinen Dünger. Das hat ihn – fast möchte man sagen: paradoxerweise – über Jahrzehnte vom Markt verdrängt. Anders als Weizen reagiert Dinkel nämlich kaum auf Kunstdünger, und er eignet sich nicht wie Zuchtweizen für Höchsterträge. Mitte des 20. Jahrhunderts war es bis auf einige Regionen, die nur für den Eigenbedarf produzierten, endgültig mit dem Dinkelanbau vorbei: 1937 betrug die Anbaufläche in Deutschland noch über 50 000 Hektar und sank nach dem 2. Weltkrieg fast auf null. Erst mit der alternativen Ernährung wurde Dinkel wieder interessant, denn Rückstände von Pflanzenschutzmitteln sind in den Körnern kaum zu finden. So verhalfen Biobauern der traditionsreichen Weizenart vor einigen Jahren zur Renaissance. Seit 1992 hat die Anbaufläche wieder 100 000 Hektar überschritten, und der Anstieg geht ständig weiter.

Auch durch die Hildegard-Medizin erlangte der Dinkel zunehmende Beliebtheit. Nach Hildegard zählt Dinkel zu den »wärmenden Lebensmitteln«, die die Durchblutung fördern und den Körper mit Energie versorgen.

Weltweit deckt Getreide den Energiebedarf der Menschen zu etwa 50 Prozent, den Eiweißbedarf zu etwa 45 Prozent. Zum Vergleich: Tierische Lebensmittel liefern nur etwa 17 Prozent Energie und 35 Prozent Eiweiß.

Dinkel, das Spelzgetreide

Nicht allein seine Widerstandsfähigkeit gegen züchterische Eingriffe machte Dinkel für die Agrarindustrie so unattraktiv. Er zählt überdies zu den Spelzgetreidesorten – »Spelz« ist übrigens ein Synonym für Dinkel.

Dinkel verursacht weniger Lebensmittelallergien; vermutlich ist der Kleber, das Eiweiß des Dinkels, aus anderen Bausteinen zusammengesetzt als die übrigen Getreidearten.

Botanischer Exkurs

Spelzen sind eigentlich die getrockneten Blüten- und Kelchblätter um die Getreidekörner. Getreide blüht ja genau wie alle anderen Pflanzen – Pollenallergiker können ein Lied davon singen. Doch die Blüten sind nicht bunt wie Blumen, sondern grün bis gelblich wie bei allen Gräsern. Denn die Befruchtung erfolgt nicht durch Insekten, die auf anziehende Farben reagieren. Die Pollen verbreitet der Wind, und nach der Befruchtung vergehen etwa 40 Tage, bis aus den Blüten die reifen Früchte, nämlich die Getreidekörner geworden sind. Weizen, Roggen und Mais fallen bei Erntereife aus den Spelzen. Die Früchte von Dinkel, Hafer, Gerste, Reis und Hirse sind fest mit den Spelzen verwachsen. Der Spelz schützt das Getreide vor äußeren Einflüssen wie Insektiziden und Pestiziden. Es gibt inzwischen auch Nacktgerste und Nackthafer – neue Züchtungen beider Getreidesorten, die leichter zu verarbeiten und als »Sprießkorn« im Handel sind. Bei Dinkel ist das bisher nicht gelungen.

Erst schälen, dann essen

Die Spelzen müssen mechanisch entfernt werden, damit wir Dinkel überhaupt essen können. Dieses »Schälen« von Spelzgetreide darf man nicht mit dem Polieren von Reis verwechseln. Nicht der Getreidekeim und die Fruchtschale mit wertvollen Nährstoffen, Vitaminen und Mineralstoffen werden entfernt, sondern nur die ohnehin ungenießbare und für den Menschen auch unverdauliche äußerste Schicht des Korns.

Darren – Technik mit Tradition

Sie können es selbst durchführen, indem Sie z. B. nicht wie üblich Hülsenfrüchte zum Blindbacken des Kuchenbodens nehmen, sondern Getreidekörner. In der Backofenhitze trocknen die Körner ganz aus und werden leicht geröstet. Durch den geringen Gehalt an Feuchtigkeit kann man sie länger lagern, durch das Backen wird die Garzeit kürzer, und durch das Rösten karamellisiert der Zucker im Korn und ergibt den leicht süßen Geschmack nach Nüssen.

Längere Haltbarkeit

Aus archäologischen Funden und schriftlichen Quellen schließen Historiker, dass ein Teil des Getreides regelmäßig nach der Ernte gedarrt, die Methode also nicht eigens für den Grünkern entwickelt wurde. Durch Darren werden Insekten und ihre Larven im Korn abgetötet. Der Verderb durch Enzyme, die Schimmel- oder Fäulnisbildung durch Feuchtigkeit werden verzögert. Darren macht auch die Verarbeitung von Spelzgetreide einfacher: Durch die Hitze werden die Hüllen spröde und lassen sich leichter lösen. In Zeiten, da man Getreide durch Stampfen in großen Mörsern von der ungenießbaren Außenhaut befreien musste, stellte das eine große Arbeitserleichterung dar.

Klassischer »Bauländer Dinkel« wird biologisch angebaut, zur Milchreife geerntet und wie früher von den Bauern in originalen Holzfeuerdarren zu Grünkern verarbeitet.

Schonendes Verfahren

Beim unreifen Grünkern darf die Hitze beim Darren nur gering sein, damit das Korn langsam trocknet und dabei nicht schrumpft. Außerdem muss der Vitamingehalt so gut wie möglich erhalten bleiben, sollen sich Zusammensetzung von Aminosäuren und Fettsäuren nicht entscheidend ändern. Man wählt Temperaturen, wie sie etwa der Sonneneinstrahlung entsprechen, und sorgt für ausreichende Belüftung. Das führt zu den besten Ergebnissen und erhält den Nährwert der Körner.

Dinkel und Grünkern in der Küche

Grünkern ist in der Küche vielseitig verwendbar: Er eignet sich hervorragend zum Backen und für die Herstellung von Teigwaren, ist ideale Grundlage für Bratlinge, herzhafte und süße Aufläufe, und sein nussiges Aroma entfaltet sich besonders gut in Salaten und in Verbindung mit zahlreichen Gemüsesorten.

Dinkelnudeln schmecken am besten »al dente«, bissfest gegart und mit kräftigen Saucen und Gemüse gemischt.

Produkte

Im Naturkosthandel bekommen Sie heute eine große Vielfalt an Dinkel- und Grünkernprodukten – von Nudeln über Bulgur und Dinkelbrösel bis zu fertigen Mischungen für Brot und Bratlinge. Außerdem gibt es süßes und herzhaftes Dinkelgebäck wie Kekse und Kräcker, Fladen und Brezeln. Sie können fertigen Pizzaboden mit Dinkelmehl kaufen, den schnellen Hunger mit einem Müsliriegel stillen oder fertige Müslimischungen fürs Frühstück nehmen. Geschliffene Dinkel- oder Grünkernkörner sind als »Dinkelreis« oder »Grünkernreis« im Quellbeutel erhältlich, ebenso fertige Mischungen für »Risotto« aus Dinkel oder Grünkern. Selbst Tiefkühldinkelgebäck für ofenfrische Brezeln, Brötchen und für Brot können Sie in manchen Naturkostläden bekommen. Zu den eher traditionellen Produkten zählen Kaffee, Vollkornmehl, Schrot, Grütze und Flocken aus Dinkel.

Die richtigen Nudeln

Aus Dinkelmehl werden berühmte und bekannte Nudeln geformt, die sich wie italienische Pasta am besten für bestimmte Gerichte eignen. Denn Größe und Struktur beeinflussen den Geschmack. Die Form entscheidet, wie gut die Nudel Sauce aufnimmt, ob man sie besser als Beilage oder zum Braten in Fett nimmt. Hörnle oder Röhrli aus Dinkel sind dicke Nudeln mit Hohlraum für Schmorgerichte mit Sauce. Makkaroni passen besser zu Aufläufen oder eigenständigen Gerichten mit Tomaten, Käse- oder Sahnesauce. Das gilt auch für Schnecken und Tortellini. Bandnudeln nimmt man gerne zum Braten, während sich Spirelli besonders gut zu Salaten, Suppen, Aufläufen und Eintöpfen eignen. Spaghetti aus Dinkel isst man – wie ihre »Schwestern« aus weißem Mehl – in Käse- und Sahnesaucen, auf Bologneser Art mit Hackfleisch und Tomaten, feurig scharf mit Knoblauch, Peperoni und reichlich Olivenöl, als gerollte Nudelnester mit Fleischfüllung im Ofen überbacken und natürlich mit fruchtiger Tomatensauce und frisch geriebenem Parmesan.

Bulgur aus Dinkel

Das Wort kommt aus dem Arabischen und bedeutet »gekocht«; Weizenbulgur und das ähnlich hergestellte Couscous sind seit Jahrhunderten fester Bestandteil der nordafrikanischen, arabischen und israelischen Küche. Für Dinkelbulgur werden die Körner durch Wasser und Wärme bei natürlichem atmosphärischem Druck so langsam aufgeschlossen, dass sie leichter verdaulich sind und trotzdem alle Inhaltsstoffe biologisch verfügbar bleiben. Das Aroma entfaltet sich intensiv – Dinkelbulgur behält den unverwechselbar feinen Geschmack von Getreide, der sich mit der leichten Süße von Nüssen ergänzt. Nach dieser Behandlung des ganzen Korns wird das Getreide zu Grütze geschnitten – vorteilhaft für die moderne Küche und gut für die Gesundheit. Denn Dinkelbulgur besteht zwar aus dem vollen Korn, ist aber sehr schnell gar.

Grieß aus der Wärme

Thermisch aufgeschlossenen Dinkelgrieß bekommen Sie im Naturkosthandel. Dieser Grieß klebt nicht zusammen, sondern zerfällt nach dem Garen in weiche kleine Körner. Deshalb schmecken Grießbrei und Flammeri damit besonders gut. Man kann ihn wie italienische Polenta als Beilage zu Fleischgerichten kochen oder dampfend heiß einfach zu einer großen Schüs-

Kinder brauchen Milch und Joghurt für den Aufbau des Skeletts. Mit Vollkornflocken aus Dinkel und frischem Obst kann man ihnen die tägliche Portion sehr schmackhaft machen. Außerdem sind Getreideflocken aus dem vollen Korn bereits wichtige Kalziumspender.

sel gemischtem Salat servieren. Kinder mögen den Grieß so gerne, weil er nicht matschig wird, sondern locker gart und die Milch im Brei trotzdem gut aufnimmt.

Zubereitungstipps

Für Dinkel und Grünkern brauchen Sie zweimal so viel Flüssigkeit wie Körner: pro 100 Gramm also 200 Milliliter Wasser oder Brühe. Dinkelkörner müssen Sie eine Stunde kochen und eine weitere Stunde quellen lassen oder vor dem Kochen wie Hülsenfrüchte einweichen. Erst dann sind die Körner wirklich gut verdaulich.

Bei Grünkern reichen 40 Minuten Garzeit. Einweichen oder Quellen ist ebenfalls notwendig.

Dinkelschrot dagegen braucht man nicht einzuweichen; die Kochzeit beträgt 10 Minuten, wenn Sie das Schrot weiter verarbeiten – z. B. für Frikadellen oder Klöße. Sie erhöht sich auf 20 Minuten, wenn Sie es als Beilage essen wollen. Dinkelbulgur müssen Sie nur kurz garen und auf der abgeschalteten Kochstelle nachquellen lassen – die genaue Anleitung dazu finden Sie in den entsprechenden Rezepten.

Im Schnellkochtopf verringern sich die Garzeiten um ein Vielfaches: 200 Gramm Dinkel oder Grünkern mit 300 Milliliter Flüssigkeit auf Garstufe eins etwa acht Minuten garen. Einweich- und Nachquellzeit bleiben unverändert.

Vorratshaltung

Dinkel und Grünkern als Körner, Mehl oder Schrot muss man in luftigen Verpackungen kühl, trocken und dunkel lagern. So halten sich ganze Körner etwa zwei Jahre. Wenn Sie die Packung in ein Glas umfüllen, vermerken Sie am besten das Mindesthaltbarkeitsdatum auf dem Glas. Vollkornmehl in der geschlossenen Packung bleibt bis zum aufgedruckten Datum frisch; angebrochene Packungen sollten Sie innerhalb von vier Wochen aufbrauchen. Für selbst gemahlenes Mehl gibt die Bundesforschungsanstalt für Getreide ebenfalls rund vier Wochen Haltbarkeit an. Grobes Schrot hält sich am besten im Kühlschrank, denn durch den höheren Wassergehalt verdirbt es rascher als Mehl. In der verschlossenen Packung kann man es bis zum aufgedruckten Datum, angebrochen etwa drei Wochen lagern.

Das Müsli am Morgen

Frischkornmüsli besteht immer aus rohen, geschroteten oder zerquetschten Getreidekörnern, die man durch Einweichen in Wasser oder Milchprodukten gut verdaulich macht. Andere Möglichkeit: Die Körner einige Tage ankeimen (siehe Seite 26) und wie Schrot mit Obst, Nüssen und/oder Milchprodukten vermischen. Frischkornmüsli wird von Ernährungsfachleuten empfohlen, weil es noch mehr lebenswichtige Nährstoffe liefert als z. B. Vollkornbrot. Außerdem nimmt unser Körper die rohe Getreidestärke sehr langsam auf, was eine lang anhaltende Sättigung bewirkt. Weitere Vorteile: Mit Frischkornmüsli können Sie sich langsam an eine vollwertige Ernährung gewöhnen, denn es ist leicht verdaulich, obwohl es viele Ballaststoffe enthält. Außerdem ist es eine komplette, relativ kalorienarme Mahlzeit mit nur wenig, aber sehr wertvollem Fett. Wenn Sie Figurprobleme haben, sollten Sie eine Hauptmahlzeit – am besten das Frühstück – also durch ein Müsli ersetzen. Erhitzte Milch vor dem Anrichten muss nicht sein; sie gibt dem kühlschrankkalten Getreidebrei nur eine angenehme Esstemperatur. Doch im Kühlschrank sollte der Brei unbedingt quellen, damit sich keine schädlichen Mikroorganismen bilden können.

Rohe oder gekochte Körner, Schrot und Mehl kann man gut einfrieren. Mehl taut sehr schnell, weil es kaum Wasser enthält. Gekochte Körner zum Schmoren gibt man wie tiefgefrorenes Gemüse noch gefroren ins heiße Fett, rohe Körner tauen im Einweichwasser auf. Schrot für Müsli taut ebenfalls im Einweichwasser und muss nicht in den Kühlschrank.

Dinkelhabermus zum Frühstück

Es ist eine kulinarische Berühmtheit und Frühstücksbrei aller Hildegard-Fans: Für diese Mischung aus süßer Grütze und Porridge lassen Sie Dinkelschrot oder Flocken mit der doppelten Wassermenge unter Rühren etwa 20 Minuten kochen. Apfelstücke, etwas Galgant und reichlich Zimt zugeben und weitergaren, bis die Äpfel gerade eben weich sind. Mit Honig süßen, mit gehackten Mandeln bestreuen und heiß anrichten. Die Dinkelkochexpertin Sr. Rosemarie Müller von der Basler Hildegard-Gesellschaft meint dazu: »Das Dinkelhabermus zum Frühstück bildet eine bodenständige Grundlage für den ganzen Tag. Durch das warme Habermus wird der ganze Organismus von Kopf bis Fuß von einem Wärmegefühl überströmt, so dass man nicht mehr an kalten Füßen leiden muss.« Sr. Rosemarie serviert zum Habermus natürlich Dinkelkaffee. Doch normaler Bohnenkaffee oder kräftiger Assamtee mit einem guten Löffel dicker Sahne schadet bestimmt nicht. In dieser Kombination verschönt das Mus sogar kalte, dunkle Wintermorgen, die man am liebsten im warmen Bett verbringen würde.

> **Getreide ist sehr eisenreich. Damit das Eisen vom menschlichen Körper voll ausgenutzt werden kann, sollte zu jeder Mahlzeit Vitamin-C-reiches Obst, Gemüse oder Säfte verzehrt werden.**

Sprossen keimen

Dinkelsprossen können Sie roh im Salat oder gegart essen – z. B. wie Reis gebraten oder wie Gemüse gedünstet. Sprossen und Keime machen die gemüsearme Jahreszeit im Spätherbst und Winter ein wenig bunter und nützen Ihrer Gesundheit: Bereits grüne Blättchen liefern Riboflavin für gesunde Schleimhäute und Vitamin C, das in den Körnern nur in Spuren vorkommt. Der Gehalt von Eiweiß und Mineralstoffen soll noch höher sein als in den Körnern.

> **Die richtige Keimtemperatur liegt zwischen 18 und 22 °C. Liegt die Zimmertemperatur im Winter unter 18 °C, empfiehlt es sich, die Sprossen in eine »Keimkiste« mit einer wärmenden Hülle aus Wolle zu stellen.**

So funktioniert's

Zum Keimen brauchen Sie Weckgläser oder ein Keimgefäß, das es in Naturkostläden und Reformhäusern zu kaufen gibt. Die Körner nun in reichlich kaltem Wasser etwa sechs Stunden einweichen, wieder abgießen und ins Keimgefäß geben. Gefäß oder Weckglas dürfen Sie nur zu höchstens einem Viertel füllen, damit die Körner nicht zu eng liegen. Das Gefäß nach Gebrauchsanweisung schließen, ein Glas mit einem Stückchen durchlässigem Stoff – z. B. Verbandgaze – abdecken und dieses mit einem Gummiband festklemmen. Wer nur die grünen Keimblättchen verwenden möchte, sät die eingeweichten Körner in die Erde, die es auch zum Ziehen von Kräutern zu kaufen gibt.

Weckglas oder Keimgefäß

Zum Keimen brauchen die Körner einen warmen, hellen Platz, doch möglichst nicht pralles Sonnenlicht. Täglich einmal wird gegossen – nicht zu viel und auch nicht zu wenig: Bei zu viel Wasser können sich Schimmel bilden, oder die Keimlinge faulen. Zu wenig Feuchtigkeit lässt sie vertrocknen. Wer Erfahrung mit Pflanzen hat, dosiert die Wassermenge auch im Weckglas richtig; Ungeübte nehmen lieber das Keimgefäß. Denn darin sorgt ein bestimmtes System dafür, dass das Wasser gleichmäßig verteilt und ein Zuviel so aufgefangen wird, dass die Körner gut befeuchtet, aber nicht zu nass sind. Sobald sich helle Sprossen zeigen, können Sie ernten. Und wenn Sie lieber das Grün essen, lassen Sie die Sprossen weiter wachsen, bis sie etwa daumenhoch sind.

Gefahr aus dem Korn

Gift im Getreide fürchten die Menschen seit Jahrhunderten. Doch während man bei Mutterkorn verseuchtem Roggenbrot den »Verursacher« bereits im frühen Mittelalter kannte, weiß man um den Schaden, den Schimmel in Brot und Getreide anrichtet, erst seit den 60er Jahren wirklich Bescheid. Damals hatte man Truthähne mit verschimmeltem Getreide gefüttert, und die Tiere starben massenweise. Experten fanden heraus, dass Aflatoxine, die Stoffwechselprodukte eines bestimmten Schimmelpilzes, zu den stärksten Krebserregern zählen. Verschimmeltes Brot und Getreide, das muffig riecht oder schmeckt, müssen Sie grundsätzlich wegwerfen.

Wenn Körner nicht keimen: Sie können zu alt sein, sie liegen zu dicht, die Umgebungstemperatur stimmt nicht, oder das Wasser ist sehr kalkhaltig. Falls nicht alle Samen keimen, geben Sie Ihr Keimgut in eine Schüssel mit Wasser. Ungekeimte Samen sinken zu Boden, so dass Sie sie »abfischen« können.

Bei Zöliakie oder Sprue kommt es darauf an, alle Lebensmittel grundsätzlich wegzulassen, die Gliadin enthalten – auch wenn es nur Spuren sind. Das gilt auch für Dinkel und Grünkern.

Ein Müsli am Morgen mit Dinkel, Milch und frischem Obst ist ein ideales Sprung-brett in den Tag.

Rezepte mit Dinkel

Gesundes Essen ist der Schlüssel zu mehr Wohlbefinden – das wusste schon Hildegard. Die folgenden Rezepte verbinden Kochrezepte der Hildegard-Küche mit Zutaten und Ernährungs-gewohnheiten der heutigen Zeit. Viel Spaß beim Zubereiten und guten Appetit.

Rund ums Frühstück

Auftakt am Morgen – ein Frühstück mit allem, was der Mensch an Nährstoffen benötigt. Für Ballaststoffe für den Darm sorgt der Dinkel, Vitamine und Mineralstoffe steuern Früchte und Milchprodukte bei. Dinkel wirkt sehr sättigend, und seine Ener-gie wird erst langsam im Körper freigesetzt, so dass Sie erst nach einigen Stunden wieder Hunger verspüren.

Porridge mit Obst

Für 4 Portionen

- 120 g Dinkelflocken
- 1 Prise Salz
- $1/8$ l Milch
- 2 große Bananen
- 1 Orange
- 2 säuerliche Äpfel
- 150 g Sahne
- 2 EL Honig
- 75 g Rosinen
- 75 g gehackte Nusskerne

■ *Zubereitungszeit: 30 Minuten*

1 Die Dinkelflocken mit Salz, Milch und $3/4$ Liter Wasser auf-kochen und zugedeckt bei schwächster Hitze 10 Minuten kochen lassen. Dabei häufig umrühren.

2 Inzwischen Bananen und Orange schälen und in Stücke schneiden. Äpfel waschen, vierteln, schälen und das Fruchtfleisch grob raspeln. Alles mischen.

3 Porridge auf Suppentellern verteilen. Das Obst darauf geben.
4 Die Sahne halb steif schlagen und darüber gießen. Mit Honig beträufeln, mit Rosinen und Nüssen bestreuen.

Pro Portion
2248/537 kJ/kcal • 9 g Eiweiß
26 g Fett • 65 g Kohlenhydrate
8 g Ballaststoffe
45 mg Cholesterin

Dinkelgrütze

1 Die Dinkelflocken mit dem Salz, der abgeriebenen Zitronenschale und der Milch zum Kochen bringen und zugedeckt bei schwacher Hitze 10 Minuten garen. Den Topf von der Kochstelle nehmen und die Grütze abkühlen lassen.

2 Die Nüsse mittelfein hacken. Die Butter zerlassen, aber nicht bräunen. Die Nüsse, die Hälfte des Zuckers und den Zimt hinzufügen und alles bei mittlerer Hitze unter Rühren etwa 3 Minuten rösten. Die Mischung abkühlen lassen, bis die anderen Zutaten vorbereitet sind.

3 Das Obst waschen oder schälen, entsteinen und in mundgerechte Stücke schneiden.

4 Den Joghurt, das Obst und den Rest des Zuckers unter die Grütze mischen. Die Sahne steif schlagen und darunter ziehen. Die Grütze auf Tellern verteilen. Die Carobtafel hacken und mit den gerösteten Nüssen über die Grütze streuen.

Pro Portion

2329/556 kJ/kcal • 12 g Eiweiß 29 g Fett • 59 g Kohlenhydrate 7 g Ballaststoffe 36 mg Cholesterin

Für 4 Portionen

- 100 g Dinkelflocken
- 1 Prise Salz
- 1/4 unbehandelte Zitrone
- 200 ml Milch
- 100 g beliebige Nusskerne
- 1 TL Butter
- 50 g Rohr- oder Rübenzucker
- 1/2 TL Zimtpulver
- 600 g Kirschen, Pfirsiche, Zwetschgen oder kernlose Weintrauben
- 200 g Magerjoghurt
- 100 g Sahne
- 25 g Carobtafel oder -raspel

■ *Zubereitungszeit: 40 Minuten*

Info Für die süße Küche gibt es einen Schokoladenersatz aus Carob, der zusätzlich Öl, Sojamehl, Malzextrakt, Lezithin und Vanille enthält; manche Hersteller setzen auch Milchpulver zu. Dieses Produkt wird entweder gepresst – wie eine Tafel Schokolade – oder bereits geraspelt in Reformhäusern und Naturkostläden angeboten. Verwenden können Sie es wie normale Schokolade. Carobpulver und -raspel eignen sich auch zum Backen, weil sie dem Gebäck ein sehr feines Aroma geben.

Tipp Für die Dinkelgrütze können Sie jede beliebige Obstsorte verwenden. Am besten richten Sie sich danach, welche heimischen Früchte auf den Märkten erhältlich sind. Früchte, die an der Pflanze selbst bis zur völligen Reife hängen bleiben können, sind wesentlich aromatischer als das Obst, das in speziellen Lagern nachreift, um später transportiert zu werden.

Für 4 Portionen

- 2 Äpfel
- 1 Orange
- 1 Banane
- Saft von 1/2 Zitrone
- 50 g Sahne
- 200 g Joghurt
- 2 EL Dattelsirup
- 2 Tassen gekochter Dinkelbulgur
- Milch

■ *Zubereitungszeit: 30 Minuten*

Für 4 Portionen

- 80 g Dinkelkörner
- 500 g Dickmilch (3,5%)
- 100 ml Milch
- 125 g Nüsse und Rosinen gemischt
- 2 EL Honig
- je 1 Apfel, Birne und Banane

■ *Zubereitungszeit: 30 Minuten Quellzeit: 5 Stunden*

Dinkelbrei mit Obst

1 Orange und Banane schälen und klein schneiden, Äpfel waschen, vierteln, vom Kerngehäuse befreien und das Fruchtfleisch raspeln.
2 Mit Zitronensaft, Sahne, Joghurt und Dattelsirup mischen. Bulgur unterrühren und mit Milch nach Geschmack aufgießen.

Pro Portion
1016/242 kJ/kcal • 6 g Eiweiß
8 g Fett • 36 g Kohlenhydrate
4 g Ballaststoffe
23 mg Cholesterin

Info Kochzeit und Kochflüssigkeit für Bulgur: Pro 100 Gramm Bulgur benötigt man nur 150 Milliliter Flüssigkeit.

Dinkelmüsli mit Obst und Nüssen

1 Den Dinkel in der Getreidemühle grob schroten und mit der Dickmilch verrühren. Zugedeckt im Kühlschrank 5 Stunden quellen lassen.
2 Die Milch erhitzen, aber nicht aufkochen. Nüsse und Rosinen mit dem Wiegemesser zerkleinern. Alles mit dem Honig unter den Schrotbrei mischen.
3 Das Obst vorbereiten, zerkleinern und auf dem Müsli verteilen.

Pro Portion
1517/363 kJ/kcal
10 g Eiweiß • 16 g Fett
44 g Kohlenhydrate
5 g Ballaststoffe
19 mg Cholesterin

Info Frischkornmüsli enthält relativ wenig Kalorien, aber so viele wichtige Nährstoffe wie eine Hauptmahlzeit: Die Kombination von Dinkel und Dickmilch ist eine perfekte Eiweißversorgung, liefert wertvolles Fett, Kalzium und Milchsäurebakterien. Diese Bakterien pflegen mit den Ballaststoffen im Getreide unsere Darmflora, sorgen für unser Wohlbefinden und stärken das Immunsystem. Mit dem frischen Obst bekommt man genügend Vitamine und Kalium.

Salate und Snacks

Frischkost ist Vitaminspender in Vorspeisen und Snacks für zwischendurch – mit der Kombination verschiedener Blattsalate, einem pikanten Dressing und Dinkelkörnern können Sie Köstlichkeiten für jeden Geschmack zubereiten.

Dinkelsprossensalat

1 Dinkel, Alfalfa- und Rettichsamen auf zwei Weckgläser verteilen. Die Gläser mit Verbandmull und einem Gummiband verschließen, mit warmem Wasser füllen und die Samen etwa 6 Stunden quellen lassen.

2 Gläser im Spülbecken umstülpen und umgekehrt leicht geneigt stehen lassen, bis das Wasser ganz abgelaufen ist. Anschließend aufrecht an einen warmen, hellen Platz stellen und 3 Tage keimen lassen. Dabei jeden Tag mit warmem Wasser füllen, die Samen etwa 10 Minuten stehen lassen und wie oben beschrieben abgießen.

3 Für die Salatsauce die Gemüsebrühe aufkochen. Den Fencheltee 10 Minuten darin ziehen lassen. Teebeutel herausnehmen und die gekeimten Sprossen in die Brühe geben. Erneut aufkochen. Sprossen abgießen –

die Brühe dabei auffangen – und in eine Schüssel geben.

4 Die Brühe mit Senf, Salz, Pfeffer, Ahornsirup, Essig und Öl verrühren.

5 Frisée und Sellerie putzen, waschen und trockenschwenken. Den Salat in Streifen, Sellerie in kleine Stücke schneiden. Orange und Möhren schälen. Orange in kleine Stücke schneiden, den Saft dabei auffangen und in die Salatsauce rühren. Die Möhren in Stifte schneiden.

6 Salate, Orange und Möhren zu den Sprossen geben. Alles mit der Salatsauce mischen und mit zerkleinertem Schnittlauch bestreuen.

Pro Portion

721/172 kJ/kcal • 3 g Eiweiß
10 g Fett • 15 g Kohlenhydrate
5 g Ballaststoffe
0 mg Cholesterin

Für 4 Portionen

- 50 g Dinkelkörner
- 25 g Alfalfa- und Rettichsamen gemischt
- $1/8$ l Gemüsebrühe
- 1 Aufgussbeutel Fencheltee
- 1 TL körniger Senf
- Salz, weißer Pfeffer
- $1/2$ TL Ahornsirup
- 2 EL Obstessig
- 3 EL Maiskeimöl
- 200 g Friséesalat
- 200 g Staudensellerie
- 1 Orange (etwa 200 g)
- 2 Möhren
- 1 Bund Schnittlauch

■ *Zubereitungszeit:*
   45 Minuten
   Keimzeit: 3 Tage

Für 4 Portionen

- 50 g Korinthen
- 1 kleine Zwiebel
- 6 EL Olivenöl
- 100 g Dinkelbulgur
- Salz, schwarzer Pfeffer
- je 1/2 Bund Dill und Pfeffer-minze
- 5 schwarze Oliven
- 50 g Pinienkerne
- etwa 40 Weinblätter
- 5 EL Hühnerbrühe (Instant)
- 1 unbehandelte Zitrone

■ *Zubereitungszeit:*
80 Minuten
Arbeitszeit: 60 Minuten

Weinblätter mit Dinkelbulgur

1 Die Korinthen 20 Minuten in warmem Wasser einweichen. Die Zwiebel schälen, fein würfeln und in 1 Esslöffel Öl bei schwacher Hitze glasig werden lassen. Den Bulgur mit 300 Millilitern Wasser, Salz und Pfeffer zufügen, aufkochen und 2 Minuten kochen lassen. Zugedeckt auf der abgeschalteten Kochstelle einige Minuten quellen lassen, bis die anderen Zutaten vorbereitet sind.

2 Die Kräuter waschen und trocknen, alle Blättchen abzupfen und fein hacken. Die Oliven entsteinen und fein zerkleinern. In einer Pfanne 1 Esslöffel Öl erhitzen. Die Pinienkerne darin bei schwacher Hitze unter Rühren goldbraun rösten. Mit Kräutern, Oliven und abgetropften Korinthen unter den Bulgur mischen.

3 Einen weiten Topf mit 4 bis 5 Weinblättern auslegen. Die restlichen Blätter jeweils mit 1 gehäuften Teelöffel Füllung belegen, aufrollen und nebeneinander auf die Weinblätter im Topf legen. Mit dem restlichen Öl beträufeln. Die Zitrone waschen, trocknen, in Scheiben schneiden und auf die Weinblätter legen. Die Brühe an den Seiten zugießen. Einen Teller auf die Weinblätter legen, damit sie sich nicht aufrollen.

4 Die Weinblätter aufkochen und zugedeckt bei schwacher Hitze 20 Minuten garen. Im Sud abkühlen lassen.

Pro Portion

1540/368 kJ/kcal • 7 g Eiweiß
25 g Fett • 27 g Kohlenhydrate
5 g Ballaststoffe
0 mg Cholesterin

Info In Salzlake eingelegte Weinblätter bekommen Sie das ganze Jahr über in Lebensmittelabteilungen großer Warenhäuser. Frisch gibt es sie im Frühling und Sommer im griechischen oder türkischen Laden, manchmal auch auf dem Wochenmarkt. Vor der Zubereitung werden eingelegte Blätter kalt abgespült, damit sie nicht so salzig sind. Frische Blätter kocht man etwa 4 Minuten in Salzwasser mit Zitronensaft, bis sie geschmeidig genug zum Rollen, aber noch so stabil sind, dass sie nicht reißen.

Nudelsalat mit Kräutern

1 Die Bohnen waschen, putzen und in etwa 1 bis 2 Zentimeter dicke Stücke schneiden. Bohnenkrautstiele abschneiden und ganz fein zerkleinern. Blättchen beiseite legen.

2 Etwa 2 Liter Wasser mit Salz zum Kochen bringen. Die Bohnen und die zerkleinerten Bohnenkrautstiele hinzufügen, aufkochen und zugedeckt bei schwacher Hitze etwa 5 Minuten garen.

3 Das Wasser erneut aufkochen, Nudeln zufügen und im geöffneten Topf bei starker bis mittlerer Hitze in etwa 6 Minuten bissfest garen.

4 Zwiebel, Pinienkerne, Petersilie, Schnittlauch und die Bohnenkrautblättchen fein zerkleinern.

5 Nudeln und Bohnen abgießen und in eine Schüssel geben. Zwiebel, Pinienkerne, Kräuter sowie den Essig, Senf und das Öl untermischen. Den Salat mit Salz und reichlich Pfeffer abschmecken.

Pro Portion

1338/320 kJ/kcal

12 g Eiweiß • 14 g Fett

36 g Kohlenhydrate

8 g Ballaststoffe

0 mg Cholesterin

Für 4 Portionen

- 300 g grüne Bohnen
- 1 Bund Bohnenkraut
- Salz
- 200 g Dinkelröhrli
- 1 Zwiebel
- 50 g Pinienkerne
- je 1/2 Bund Petersilie und Schnittlauch
- 4 EL milder Kräuteressig
- 1 TL scharfer Kräutersenf
- 2 EL Olivenöl
- weißer Pfeffer

■ *Zubereitungszeit: 45 Minuten*

Info Bohnen zählen zu den Hülsenfrüchten und sind besonders eiweißreich. Sie enthalten wertvolles Phosphor, Kalzium, Eisen und Lezithin. In Kombination mit Kartoffeln sind sie eine hochwertigere Eiweißquelle als tierisches Eiweiß. Dies ist besonders für eine vegetarische Ernährung von Vorteil, bei der, je nach Ausprägung, teilweise oder vollständig auf tierisches Eiweiß verzichtet wird.

Tipp Aus der Brühe von Bohnen und Nudeln kann man eine schmackhafte Suppe kochen, denn die vielen Nährstoffe der Bohnen sind im Kochwasser gelöst. Anstelle von grünen, frischen Bohnen kann man auch den getrockneten Samen verwenden: 200 Gramm weiße Bohnen über Nacht einweichen, im Einweichwasser etwa 1 bis 1,5 Stunden garen.

Für 4 Portionen

- 50 g Dinkelbulgur
- 100 ml Gemüsebrühe
- 1 kg grüne Bohnen
- 2 kleine Zwiebeln
- 4 EL Sonnenblumenöl
- 1 EL Hildegarten-Gewürz-mischung
- Salz, Pfeffer aus der Mühle
- 1 EL Balsamessig
- 2 EL Apfelessig
- 3 Zweige Petersilie

■ *Zubereitungszeit:*
30 Minuten

Bohnensalat mit Bulgur

1 Bulgur in die kochende Brühe streuen und 2 Minuten bei schwacher Hitze garen. Zugedeckt auf der abgeschalteten Kochstelle quellen lassen, bis der Bohnensalat fertig ist.

2 Bohnen waschen, putzen und in Stücke schneiden. Zwiebeln abziehen und fein zerkleinern. Das Öl in einer großen Pfanne erhitzen. Die Bohnen, die Zwiebeln und die Gewürze darin unter Rühren anbraten. 1/8 Liter Wasser, Salz und Pfeffer zugeben. Die Bohnen aufkochen und

zugedeckt in 15 bis 20 Minuten bissfest garen.

3 Bohnen in einer Schüssel lauwarm abkühlen lassen. Mit beiden Essigsorten und dem Bulgur vermischen. Mit Salz und Pfeffer abschmecken und mit den grob gezupften Petersilien-blättchen bestreuen.

Pro Portion
1012/242 kJ/kcal ● 8 g Eiweiß
13 g Fett ● 22 g Kohlenhydrate
6 g Ballaststoffe
0 mg Cholesterin

Info Standard-Hildegard-Gewürze sind u. a. Galgant oder Muskat.

Nudelsalat mit Spinat

Für 4 Portionen

- 500 g Wurzelspinat
- Salz
- 200 g dicke Dinkelnudeln (Penne oder Hörnchen)
- 1 große Zwiebel
- 4 EL Olivenöl
- 2 EL Essig
- Salz, weißer Pfeffer
- 1 EL gehackte Kräuter

■ *Zubereitungszeit:*
20 Minuten

1 Den Spinat waschen, putzen und in reichlich Wasser mit Salz etwa 3 Minuten sprudelnd kochen. Mit einem Schaumlöffel auf ein Sieb geben, mit eiskaltem Wasser abschrecken und gut abtropfen lassen.

2 Die Nudeln im Spinatwasser (es enthält viele Mineralstoffe) bissfest kochen. Auf einem Sieb abgießen, gut abtropfen lassen und mit dem Spinat in einer Schüssel mischen.

3 Die Zwiebel abziehen, fein zerkleinern und in 2 Esslöffeln heißem Öl goldbraun anbraten. Zu den Nudeln geben. Essig, Salz, Pfeffer und Zucker zufügen und vermischen.

Pro Portion
1210/289 kJ/kcal
10 g Eiweiß ● 14 g Fett
32 g Kohlenhydrate
9 g Ballaststoffe
0 mg Cholesterin

Dinkel mit Schafskäse

1 Den Dinkel mit 1/2 Liter Wasser und der Gemüsebrühe aufkochen und zugedeckt bei schwacher Hitze 1 Stunde garen. Den Topf von der Kochstelle nehmen, den Dinkel 1 weitere Stunde quellen und dabei abkühlen lassen.

2 Tomaten waschen und in kleine Würfel schneiden. Den Käse grob raspeln. Die Pfefferminze waschen, trockentupfen, die Blätter von den Stängeln zupfen und fein schneiden.

3 Für die Salatsauce den Zitronensaft mit Salz, Pfeffer, dem Harissa und dem Öl verrühren.

4 Dinkel mit der verbliebenen Garflüssigkeit, Gurken, Tomaten und Salatsauce vermischen. Käse und Pfefferminze unterheben.

Pro Portion

1476/352 kJ/kcal • 11 g Eiweiß
18 g Fett • 35 g Kohlenhydrate
6 g Ballaststoffe
11 mg Cholesterin

Für 4 Portionen

- 200 g Dinkelkörner
- 1 TL Instantgemüsebrühe
- 2 Minigurken (ersatzweise 1/2 Salatgurke)
- 300 g Tomaten
- 100 g harter Schafskäse
- 1/2 Bund frische Pfefferminze
- 4 EL Zitronensaft
- Salz, schwarzer Pfeffer
- 1/4–1/2 TL Harissa (scharfe Chilipaste; ersatzweise Cayennepfeffer)
- 4 EL Olivenöl

■ *Zubereitungszeit: 150 Minuten Arbeitszeit: 30 Minuten*

Der kräftige, würzige Schafskäse gibt dem Salat eine köstlich herzhafte Note.

Für 4 Portionen

- 12 Trockenpflaumen
- 1 Aufgussbeutel Früchtetee
- 2 EL Rotweinessig
- 1 TL scharfer Senf
- Salz, Pfeffer aus der Mühle
- 1 EL Maiskeimöl
- 200 g Friséesalat
- 200 g Möhren
- 25 g gehackte Haselnusskerne
- 1 EL Schnittlauchröllchen
- 4 Scheiben Dinkeltoastbrot
- 40 g Butter
- 200 g Gorgonzola

■ *Zubereitungszeit:*
  30 Minuten

Für 6 Portionen

- 100 g Dinkelröhrli
- Salz
- 6 El Sonnenblumenöl
- 200 g gemischter Blattsalat
  (Eichblatt, Spinat, Radicchio)
- 1 kleine Kohlrabiknolle
- 1 junge Möhre
- 5 Radieschen
- 2 Tomaten
- 4 Champignons
- 1 Bund Schnittlauch
- 3 EL milder Kräuteressig
- Pfeffer aus der Mühle
- 1 TL Senf
- 50 g Sonnenblumenkerne

■ *Zubereitungszeit:*
  30 Minuten

Dinkeltoast mit Trockenpflaumen

1 Die Trockenpflaumen in ⅛ Liter Wasser 30 Minuten einweichen und wieder herausnehmen.

2 Wasser aufkochen, Früchtetee 10 Minuten darin ziehen lassen. Teebeutel entfernen. Sud mit Essig, Senf, Salz, Pfeffer und Öl zur Salatsauce verrühren.

3 Salat waschen, trockenschwenken und fein zerkleinern. Möhren schälen und raspeln. Beide Zutaten mit der Salatsauce vermischen. Salat mit Nüssen und Schnittlauch bestreuen.

4 Toastscheiben rösten und mit Butter bestreichen. Halbierte Pflaumen und Gorgonzolascheiben darauf verteilen. Toasts im heißen Backofen oder unter dem vorgeheizten Grill (obere Schiene) etwa 5 Minuten backen, bis der Käse geschmolzen und leicht gebräunt ist.

Pro Portion
1892/452 kJ/kcal
14 g Eiweiß • 33 g Fett
23 g Kohlenhydrate
6 g Ballaststoffe
25 mg Cholesterin

Frühlingssalat mit Dinkelnudeln

1 Die Nudeln in reichlich Salzwasser bissfest kochen, abgießen, kurz abtropfen lassen und mit 2 Esslöffeln Sonnenblumenöl mischen.

2 Salat waschen und in mundgerechte Stücke zupfen. Kohlrabi und Möhre schälen und raspeln. Radieschen, Tomaten und Pilze waschen und in Scheiben schneiden. Schnittlauch waschen, trockentupfen und in Röllchen schneiden. Alles mit den Nudeln mischen.

3 Kräuteressig mit Salz, frisch gemahlenem Pfeffer, Senf und dem restlichen Sonnenblumenöl verrühren und unter den Salat mischen. Mit Sonnenblumenkernen bestreuen und mit frischem Baguette servieren.

Pro Portion
955/228 kJ/kcal
6 g Eiweiß • 17 g Fett
14 g Kohlenhydrate
4 g Ballaststoffe
0 mg Cholesterin

Suppen und Eintöpfe

Heißes – nicht nur für die kalte Jahreszeit. Eine kräftige Suppe oder ein herzhafter Eintopf sind für manche eine ideale komplette Mahlzeit, die nicht zu viele Kalorien hat und dennoch sättigt. Nahezu alle Gemüse eignen sich für Suppen oder Eintöpfe. Sie lassen sich mit einem Pürierstab oder Mixer leicht zerkleinern und müssen selten zusätzlich mit Bindemittel gebunden werden. Ganz nach Belieben kann man den Eintöpfen Fleisch dazugeben und die Fleischbrühe selbst kochen. Der Fond kann problemlos eingefroren und über längere Zeit im Gefrierfach bevorratet werden. Wenn Sie die Brühe in Eiswürfelbehälter füllen, können Sie diese sehr gut portionieren.

Tomatensuppe mit Käseklößchen

1 Die Tomaten waschen, in Würfel schneiden und dabei die Stielansätze entfernen. Das Suppengrün waschen, putzen und fein zerkleinern, den Knoblauch abziehen und fein hacken. Alle Zutaten in 1/2 Liter Wasser und Brühe zum Kochen bringen und 5 Minuten bei schwacher Hitze garen. Die Suppe mit dem Stabmixer pürieren.

2 In einer Schüssel die Butter schaumig schlagen und mit dem Ei, Mehl, Käse, Thymian, Muskat, Salz und Pfeffer zu einem geschmeidigen Teig rühren.

3 Die Suppe wieder erhitzen. Mit einem Teelöffel vom Teig kleine Klößchen abstechen und in der Suppe bei schwacher Hitze etwa 10 Minuten garen.

4 Die Klößchen in die Suppenteller setzen. Die Crème fraîche in die Suppe rühren und mit Salz, Pfeffer und Zucker abschmecken. Die Suppe über die Klößchen gießen, den fein zerkleinerten Schnittlauch darüber streuen.

Pro Portion

1409/337 kJ/kcal
11 g Eiweiß • 21 g Fett
25 g Kohlenhydrate
7 g Ballaststoffe
100 mg Cholesterin

Für 4 Portionen

- 1 kg Tomaten
- 2 Bund Suppengrün
- 1 Knoblauchzehe
- 1 TL gekörnte Brühe
- 30 g Butter
- 1 Ei
- 90 g Dinkelvollkornmehl
- 30 g geriebener Käse
- 1 EL getrockneter Thymian
- 1 Prise geriebene Muskatnuss
- Salz, Pfeffer aus der Mühle
- 100 g Crème fraîche
- 1 Prise Zucker
- 1 Bund Schnittlauch

■ *Zubereitungszeit:
50 Minuten*

Bunte Dinkelgrießsuppe

Für 4 Portionen

- 2 kleine Zucchini
- 100 g Brunnenkresse
- je 1 Hand voll frischer Kerbel und Sauerampfer
- ³/₄ l Gemüsebrühe
- 40 g Dinkelgrieß
- 100 g Schmant
- Cayennepfeffer

■ *Zubereitungszeit: 30 Minuten*

Die Stiele von Brunnenkresse sind zu hart und schmecken etwas bitter. Deshalb die Blätter abstreifen. Das Hacken vieler Kräuter geht mit dem Wiegemesser am besten.

1 Zucchini waschen und in dünne Stifte schneiden. Alle Kräuter waschen, trocknen und fein hacken.

2 Die Gemüsebrühe aufkochen. Den Grieß unter Rühren zugeben, erneut aufkochen und zugedeckt bei schwacher Hitze 5 Minuten garen.

3 Zucchini hinzufügen und nach dem Aufkochen zugedeckt bei schwacher Hitze etwa 2 Minuten garen.

4 Schmant und Kräuter untermischen und erhitzen, aber nicht mehr kochen lassen. Zum Schluss die Kräuter darunter mischen und die Suppe mit Cayennepfeffer abschmecken.

Pro Portion

704/167 kJ/kcal

5 g Eiweiß • 12 g Fett

11 g Kohlenhydrate

4 g Ballaststoffe

22 mg Cholesterin

Dicke Gemüsesuppe

Für 2 Portionen

- 2 Bund Suppengrün
- 1 kleine Zwiebel
- 2 Scheiben Dinkeltoastbrot
- 3 EL Olivenöl
- 400 ml Gemüsebrühe
- ¹/₂ Paket TK-Erbsen und Möhren (150 g)
- 50 g Bergkäse
- 100 g Sahne
- Salz, Cayennepfeffer
- 2 EL Schnittlauchröllchen

■ *Zubereitungszeit: 30 Minuten*

1 Suppengrün waschen, putzen und zerkleinern. Zwiebel abziehen und fein hacken. Das Brot würfeln.

2 Die Brotwürfel in 2 Esslöffeln Öl bei schwacher Hitze in etwa 10 Minuten knusprig rösten. Dabei mehrmals wenden. In Suppenteller geben.

3 Das restliche Öl erhitzen. Suppengrün und Zwiebel bei mittlerer Hitze unter Rühren darin anbraten, bis die Zwiebel glasig ist.

4 Die Gemüsebrühe zugießen und einmal aufkochen. Das gefrorene Gemüse zugeben, erneut aufkochen und die Suppe zugedeckt 5 Minuten garen.

5 Inzwischen den Käse reiben und auf die Brotwürfel geben. Sahne in die Suppe rühren, bis knapp unter den Siedepunkt erhitzen. Die Suppe mit Salz und 1 kräftigen Prise Cayennepfeffer abschmecken und in die Suppenteller geben. Mit dem Schnittlauch bestreuen.

Pro Portion

2578/615 kJ/kcal • 18 g Eiweiß

44 g Fett • 36 g Kohlenhydrate

18 g Ballaststoffe

65 mg Cholesterin

Brotsuppe mit Spitzkohl

1 Das Brot in kleine Würfel schneiden. Zwiebel abziehen und in Würfel schneiden. Suppengrün waschen, putzen, trockentupfen und ebenfalls zerkleinern.

2 Öl in einem Topf erhitzen und die Zwiebel darin bei mittlerer Hitze unter Rühren glasig braten. Brotwürfel und Suppengrün hinzufügen und unter Rühren etwa 1 Minute von allen Seiten braten.

3 Die Gemüsebrühe hinzugießen, aufkochen und die Suppe zugedeckt bei schwacher Hitze 5 Minuten garen.

4 Inzwischen den Spitzkohl und Schnittlauch waschen und sehr fein zerkleinern. In die Suppe geben, einmal aufkochen und zugedeckt 1 Minute ziehen lassen. Die Suppe mit Salz, Cayennepfeffer und Koriander abschmecken, auf vorgewärmte Teller verteilen und auf jede Portion einen Klecks Crème fraîche setzen.

Pro Portion

1113/265 kJ/kcal • 6 g Eiweiß
16 g Fett • 23 g Kohlenhydrate
6 g Ballaststoffe
15 mg Cholesterin

Für 4 Portionen

- 150 g Dinkelbrot
- 1 Zwiebel
- 1 Bund Suppengrün
- 2 EL Olivenöl
- 1 l Gemüsebrühe
- 100 g Spitzkohlblätter
- 1/2 Bund Schnittlauch
- Salz, Cayennepfeffer
- 1/4 TL gemahlener Koriander
- 50 g Crème fraîche

■ **Zubereitungszeit: 30 Minuten**

Klare Gemüsesuppe mit Nudeln

1 Gemüse waschen, putzen, schälen und zerkleinern. Ein etwa 4 Zentimeter langes Stück Zitronenschale abschneiden und in millimeterdünne Streifen schneiden. Den Zitronensaft auspressen.

2 Gemüsebrühe mit dem Zitronensaft aufkochen. Nudeln hinzufügen und etwa 4 Minuten garen. Gemüse dazugeben, erneut aufkochen und etwa 1 Minute garen.

3 Die klare Gemüsesuppe mit Salz und der Zitronenschale nach Geschmack würzen. Kresse mit einer Schere abschneiden und als Sträußchen auf die Suppenportionen legen.

Pro Portion

494/117 kJ/kcal
4 g Eiweiß • 5 g Fett
14 g Kohlenhydrate
4 g Ballaststoffe
0 mg Cholesterin

Für 3 Portionen

- 250 g gemischtes Gemüse wie Zucchini, Möhren und Kohlrabi oder Paprikaschoten, Tomaten und Gurken oder Weißkohl, Fenchel und Grünkohl
- 1/2 unbehandelte Zitrone
- 3/4 l Gemüsebrühe
- 50 g Dinkelsuppennudeln
- Salz
- 1 Kästchen Gartenkresse

■ **Zubereitungszeit: 25 Minuten**

Knoblauch und Olivenöl sind wertvolle und ge-schmacksgebende Zutaten dieser interessanten Bul-gursuppe mit Kohlrabi.

Kalte Gemüsesuppe

Für 4 Portionen

- 2 Scheiben Dinkeltoastbrot
- 4 EL Olivenöl
- 500 g Tomaten
- 300 g Salatgurke
- 1 Möhre
- 1 grüne Paprikaschote
- 1 Gemüsezwiebel
- 2 Knoblauchzehen
- 3/4 l kalte Gemüsebrühe
- je 1 Bund Rucola und Petersilie
- 1 EL Zitronensaft
- Salz, schwarzer Pfeffer
- 50 g Mandelstifte

■ **Zubereitungszeit: 75 Minuten**

1 Brot würfeln und in 2 Ess-löffeln Öl bei schwacher Hitze knusprig braten.

2 Die Tomaten abziehen. Gurke und Möhre schälen. Die Gurke halbieren und die Kerne heraus-kratzen. Paprikaschote waschen, vierteln und Kerne entfernen. Jeweils 1/4 jeder dieser Gemüse-sorten als Suppeneinlage beisei-te stellen.

3 Zwiebel und Knoblauch grob zerkleinern. Mit Gemüse und Brühe portionsweise pürieren.

4 Kräuter waschen und fein zerkleinern. Mit Zitronensaft, Salz, Pfeffer und dem restlichen Öl in die Suppe rühren.

5 Das übrig behaltene Gemüse mittelfein zerkleinern und in die Suppe geben. Mit Mandeln und Brotwürfeln servieren.

Pro Portion
1279/305 kJ/kcal • 7 g Eiweiß
23 g Fett • 17 g Kohlenhydrate
8 g Ballaststoffe
0 mg Cholesterin

Dinkelsuppe mit Wirsing

1 Die Wirsingblätter waschen und die Rippen herausschneiden. Die Blätter in feine Streifen schneiden, die Rippen klein würfeln. Die Zwiebel und den Knoblauch abziehen und fein hacken. Die Zitronenschale etwa zur Hälfte abreiben. Den Zitronensaft auspressen.

2 Das Fett erhitzen, die Zwiebel und den Knoblauch darin glasig anbraten. Dinkelschrot, Wirsingteile zugeben und kurz mitschmoren. Zitronensaft, Brühe und 2 Esslöffel Sahne zugießen, aufkochen und zugedeckt bei mittlerer Hitze etwa 15 Minuten garen, bis der Wirsing weich ist.

3 Die restliche Sahne zugießen. Die Suppe mit der Zitronenschale, Salz, Pfeffer aus der Mühle und Muskat oder Macis würzen und erhitzen, aber nicht mehr aufkochen. Auf heißen Tellern anrichten und mit den gehackten Petersilienblättchen bestreuen.

Pro Portion
1307/311 kJ/kcal • 5 g Eiweiß
27 g Fett • 13 g Kohlenhydrate
3 g Ballaststoffe
77 mg Cholesterin

Für 4 Portionen

- 200 g Wirsingblätter
- 1 kleine Zwiebel
- 1 Knoblauchzehe
- $1/2$ unbehandelte Zitrone
- 1 EL Butter oder Pflanzenmargarine
- 50 g Dinkelschrot
- $3/4$ l Gemüsebrühe
- 250 g Sahne
- Salz, weißer Pfeffer
- geriebene Muskatnuss oder Macis
- 2 Stängel Petersilie

■ *Zubereitungszeit: 50 Minuten*

Bulgursuppe mit Kohlrabi

1 Knoblauch zerkleinern und mit Bulgur im heißen Öl anbraten. $3/4$ Liter Wasser und Brühe zugeben, die Suppe einmal aufkochen und zugedeckt bei schwacher Hitze 10 Minuten garen.

2 Den Kohlrabi schälen, waschen und grob raspeln. Die zarten Kohlrabiblättchen waschen und hacken. Die Lauchzwiebel putzen, waschen und fein zerkleinern.

3 Alles in die Suppe geben, aufkochen und zugedeckt etwa 5 Minuten kochen. Die Milch dazugeben. Mit Pfeffer, Muskat und Zitronensaft abschmecken. Mit Schnittlauch bestreuen.

Pro Portion
564/135 kJ/kcal
5 g Eiweiß • 6 g Fett
15 g Kohlenhydrate
2 g Ballaststoffe
5 mg Cholesterin

Für 3 Portionen

- 1 Knoblauchzehe
- 50 g Dinkelbulgur
- 1 EL Olivenöl
- 1 EL gekörnte Brühe
- 1 kleiner Kohlrabi
- 1 Lauchzwiebel
- $1/8$ l Milch
- Salz, schwarzer Pfeffer
- geriebene Muskatnuss
- 2 EL Zitronensaft
- 1 EL Schnittlauchröllchen

■ *Zubereitungszeit: 30 Minuten*

Aus dem Backofen

Aufläufe sind seit jeher ein beliebtes Gericht: nicht nur weil sie köstlich schmecken, sondern weil sie in der Herstellung recht einfach und schnell zubereitet sind. Sie erfreuen kleine Gäste ebenso wie große und werden aus den verschiedensten Zutaten zusammengestellt. Häufig können sie bereits am Vortag zubereitet werden und müssen vor dem Essen nur noch in den Backofen geschoben werden. Falls Sie Gäste erwarten und sich der Besuch etwas verspätet, können die meisten Aufläufe auch einige Minuten länger im Backofen bleiben. Außerdem sind sie eine ideale Resteverwertung. Eine raffinierte Variante sind feine Pasteten, die kalt oder warm gegessen werden können.

Nudeln aus dem Ofen

Für 4 Portionen

- 100 g Taleggio
- 4 Tomaten
- 1 Zwiebel
- 1 Knoblauchzehe
- 2 EL Olivenöl
- 1 EL Hildegarten-Gewürz-mischung
- 2 EL Tomatenmark
- $1/8$ l Gemüsebrühe
- Salz, Pfeffer aus der Mühle
- 250 g grüne Tagliatelle
- Fett für die Form
- 125 g Sahne

■ *Zubereitungszeit: 50 Minuten*

1 Den Käse in kleine Würfel schneiden. Die Tomaten abziehen und in Scheiben schneiden. Zwiebel und Knoblauch fein zerkleinern und im Olivenöl anbraten. Gewürzmischung, Tomatenmark und Brühe zugeben und einmal aufkochen. Die Sauce mit Salz und Pfeffer würzen.

2 Den Backofen auf 200 °C (Umluft 180 °C, Gas Stufe 4) vorheizen. Die Nudeln in reichlich Salzwasser bissfest garen, abgießen und abtropfen lassen.

3 Nudeln mit der Sauce und den Käsewürfeln mischen und in eine gefettete Gratinform füllen. Mit den Tomatenscheiben belegen, mit der Sahne übergießen. Nudeln in den heißen Backofen stellen und etwa 20 Minuten backen.

Pro Portion

2038/487 kJ/kcal • 15 g Eiweiß
26 g Fett • 49 g Kohlenhydrate
3 g Ballaststoffe
111 mg Cholesterin

Info Hildegarten-Gewürzmischung gibt es in Naturkostläden. Sie besteht aus Melde, Quendel, Fenchel, Muskatnuss, Salbei, Knoblauch, Kerbel, Galgant und schwarzem Pfeffer.

Kräuterschnitten mit Tomatensalat

1 Die Kräuter waschen, trocknen und ganz fein zerkleinern. Die Hirse fein mahlen. Butter zerlassen und wieder lauwarm abkühlen lassen.
2 Eier trennen. Eiweiß sehr steif schlagen. Abwechselnd die Eigelbe und esslöffelweise die Butter darunter rühren. Die Kräuter auf die Eiermasse geben. Hirse mit Mehl, Käse und Pfeffer vermischen und über die Kräuter streuen. Alles mit einem Schneebesen mischen.
3 Ein Backblech mit gefettetem Pergamentpapier auslegen. Den Teig darauf glatt streichen. In den kalten Backofen (mittlere Schiene) stellen und die Teigplatte bei 180 °C (Umluft 160 °C, Gas Stufe 2) etwa 25 Minuten backen.
4 Tomaten waschen und würfeln. Rucola waschen, trocknen und in Streifen schneiden. Beide Zutaten mit Essig, Öl, Salz und Pfeffer mischen.
5 Die Schnitten aus dem Ofen nehmen und einige Minuten ruhen lassen. In Stücke schneiden und heiß zum Salat servieren. Dazu: Joghurtsauce mit geraspelten Gurken.

Pro Portion
2209/527 kJ/kcal
16 g Eiweiß • 37 g Fett
32 g Kohlenhydrate
3 g Ballaststoffe
262 mg Cholesterin

Für 4 Portionen

Schnitten:
- 1 Bund Grüne-Sauce-Kräuter
- 60 g Hirse
- 50 g Butter
- 4 Eier
- 100 g Dinkelmehl
- 2 EL geriebener Parmesankäse
- Salz, weißer Pfeffer
- Fett für die Form

Salat:
- 4 Fleischtomaten
- 1 Bund Rucola
- 2 EL Balsamessig
- 5 EL Olivenöl

■ *Zubereitungszeit: 60 Minuten*

Joghurtsauce mit Gurke

1 Joghurt, Quark und saure Sahne vermischen. Salatgurke waschen, der Länge nach halbieren und klein raspeln.
2 Knoblauchzehe und Zwiebel enthäuten und mit dem Mixer sehr fein pürieren.
3 Schnittlauch und Petersilie waschen und trockenschwenken, Schnittlauch in kleine Röllchen schneiden und Petersilie sehr fein hacken.
4 Alle Zutaten vermischen und mit Salz und Pfeffer würzen.

Pro Portion
717/171 kJ/kcal • 7 g Eiweiß
13 g Fett • 7 g Kohlenhydrate
1 g Ballaststoffe
40 mg Cholesterin

Für 4 Portionen
- 200 g Joghurt
- 150 g Quark
- 150 g saure Sahne
- 1/2 Salatgurke
- 1 Knoblauchzehe
- 1 Zwiebel
- 1/2 Bund Schnittlauch
- 1/2 Bund Petersilie
- Salz, weißer Pfeffer

■ *Zubereitungszeit: 15 Minuten*

Für 8 Portionen

Teig:

- 450 g Dinkelmehl
- 1 TL Salz
- 200 g Butter

Füllung:

- 300 g Kürbis
- 300 g Zucchini
- 250 g Kohlrabi
- 1 kleine grüne Pfefferschote
- 1/2 unbehandelte Zitrone
- 2 Scheiben Dinkeltoastbrot
- 1 Schalotte
- 3 Knoblauchzehen
- 2 Eier
- 250 g Joghurt
- 1 TL gemahlener Kreuzkümmel (Kumin)
- Salz
- 1/2 TL getrockneter Majoran
- Butter für die Form
- 1 EL Milch zum Bestreichen

■ **Zubereitungszeit:
160 Minuten**

Gemüsepastete

1 Dinkelmehl, Salz, weiche Butter und 2 Esslöffel Wasser in eine Schüssel geben und die Zutaten mit den Knethaken des Handrührgerätes vermischen.

2 Die Masse auf die leicht mit Mehl bestäubte Arbeitsfläche geben und mit den Händen rasch zusammenkneten. Dabei tropfenweise weitere 2 bis 3 Esslöffel Wasser hinzufügen, bis ein geschmeidiger, gut formbarer Teig entstanden ist, der nicht an den Fingern klebt.

3 Eine Kastenform von 26 Zentimeter Länge einfetten. Teig auf der bemehlten Arbeitsfläche etwa 4 Millimeter dick ausrollen. Mit der Form die Maße markieren, den Teig jeweils etwas größer ausschneiden und die Form damit auslegen. Aus Teigresten den Pastetendeckel schneiden.

4 Kürbis, Zucchini und Kohlrabi putzen, schälen und in kleine Würfel schneiden. Pfefferschote putzen und von den Kernen befreien. Zitronenschale abschneiden, Saft auspressen.

5 Alle diese Zutaten mit dem gewürfelten Brot, Schalotte und Knoblauch portionsweise im Blitzhacker pürieren.

6 Die Eier trennen. Eigelb, Joghurt, Kreuzkümmel, Salz und Majoran unter das Püree mischen. Eiweiß steif schlagen und darunter ziehen. Die Füllung in der Teighülle glatt streichen und den Deckel darauf legen und rundherum andrücken. Pastetendeckel mit der Milch bestreichen.

7 Aus dem übrig gebliebenen Teig beliebige Formen ausstechen, auf den Deckel legen und vorsichtig andrücken. Die Gemüsepastete in den kalten Backofen (mittlere Schiene) stellen und bei 200 °C (Umluft 180 °C, Gas Stufe 3) 20 Minuten backen. Die Temperatur auf 180°C (Umluft 160 °C, Gas Stufe 2–2½) zurückschalten und die Pastete in etwa 1 Stunde fertig backen, bis der Deckel schön gebräunt ist.

Pro Portion

1984/474 kJ/kcal

11 g Eiweiß • 26 g Fett

48 g Kohlenhydrate

5 g Ballaststoffe

124 mg Cholesterin

Rohrnudeln mit Käse

Für 6 Stück

- 80 g Grünkernkörner
- 500 g Dinkelvollkornmehl
- 40 g Hefe
- 1 TL Apfelkraut
- Salz
- 4 EL Erdnussöl
- 80 g gesalzene Erdnusskerne
- 50 g harter türkischer Schafskäse oder mittelalter Gouda
- Mehl für die Arbeitsfläche
- Fett für die Form
- 100 ml Milch
- 30 g Butter oder Pflanzenmargarine

■ *Zubereitungszeit:
145 Minuten
Arbeitszeit: 40 Minuten*

1 Grünkern über Nacht in Wasser einweichen. Mehl in eine Schüssel geben. In die Mitte eine Mulde drücken, Hefe zerbröckeln und in die Mulde geben. Mit 6 Esslöffeln warmem Wasser, Apfelkraut und etwas Mehl vom Rand verrühren, bis sie sich aufgelöst hat. Vorteig zugedeckt bei Zimmertemperatur 15 Minuten ruhen lassen, bis er sichtbar aufgegangen ist.

2 Vorteig mit dem gesamten Mehl verrühren. Etwa 200 Milliliter warmes Wasser, Salz und Öl zugeben. Alles mit den Knethaken des Handrührgerätes 5 Minuten rühren, bis sich der Teig vom Schüsselrand löst. Zugedeckt etwa 1 Stunde ruhen lassen, bis sich sein Volumen verdoppelt hat.

3 Nüsse grob hacken, Käse in sechs Stücke schneiden. Teig auf Mehl noch einmal kräftig durchkneten und dabei den abgetropften Grünkern und die Nüsse unterkneten. Zu einer Rolle formen und in 6 Stücke schneiden. Jedes Stück auf der Handfläche flach drücken, ein Käsestück darauf legen und mit dem Teig umhüllen.

4 Die Rohrnudeln dicht an dicht in eine gefettete ofenfeste Form setzen, mit der Milch umgießen und in den kalten Backofen (untere Schiene) schieben. Bei 200 °C (Umluft 180 °C, Gas Stufe 3) etwa 40 Minuten backen. Nach etwa 20 Minuten mit dem Fett bestreichen.

Pro Portion

2394/571 kJ/kcal • 16 g Eiweiß
24 g Fett • 72 g Kohlenhydrate
8 g Ballaststoffe
22 mg Cholesterin

Tipp Wenn Sie vergessen haben, den Grünkern einzuweichen, kochen Sie ihn auf, bevor Sie mit dem Teig beginnen. Die Körner bei schwacher Hitze garen, bis der Vorteig fertig ist, und neben der Kochstelle quellen lassen, solange der Teig aufgeht.

Info Wer es besonders kernig liebt, kann die Rohrnudeln nach dem Bestreichen mit Fett zusätzlich mit Sesam bestreuen. Sesam schmeckt nicht nur gut, sondern enthält auch Kalzium.

Für 4 Portionen

- 100 g Dinkelmehl
- Salz
- 250 g Buttermilch
- 4 Eier
- Butterschmalz, Kokosfett oder Öl zum Backen
- 1 Packung TK-Sommergemüse mit Kartoffelwürfeln (750 g)
- 1 EL Butter
- 1 Bund Petersilie
- 250 g saure Sahne
- 5 EL Milch
- weißer Pfeffer
- geriebene Muskatnuss
- 50 g Bergkäse

■ *Zubereitungszeit:*
80 Minuten
Arbeitszeit: 50 Minuten

Für 4 Portionen

- 1 kg Kürbisfleisch
- 200 g Zwiebeln
- 1 Knoblauchzehe
- ¼ l kalte Gemüsebrühe
- 200 g Sahne
- 1 TL gemahlener Koriander
- 1 TL Ingwerpulver
- Salz
- 1 Prise Cayennepfeffer
- 100 g Grünkern-Sesam-Kräcker
- 100 g Pizzakäse

■ *Zubereitungszeit:*
75 Minuten
Arbeitszeit: 30 Minuten

Überbackenes Gemüse

1 Das Mehl mit Salz und Buttermilch verrühren. Eier nacheinander kräftig untermischen. Aus dem Teig dünne Eierkuchen backen und laulwarm abkühlen lassen.

2 Das Gemüse gefroren in eine ofenfeste Form mit halbhohem Rand geben. Die Eierkuchen in 2 Finger breite Stücke schneiden und über dem Gemüse verteilen.

3 Butter zerlassen, aber nicht bräunen. Petersilie fein hacken. Die restlichen Eier trennen. Eigelbe mit saurer Sahne, flüssiger Butter, Petersilie und Milch verrühren. Mit Salz, Pfeffer und Muskatnuss kräftig würzen. Eiweiß steif schlagen, unter die Eigelbmischung ziehen und alles auf den Zutaten in der Form glatt streichen. Den Käse reiben und darüber streuen .

4 Das Gemüse in den kalten Backofen (mittlere Schiene) schieben und bei 200 °C (Umluft 180 °C, Gas Stufe 3) in etwa 30 Minuten goldbraun backen.

Pro Portion

2164/517 kJ/kcal • 20 g Eiweiß
30 g Fett • 41 g Kohlenhydrate
8 g Ballaststoffe
191 mg Cholesterin

Kürbisgratin

1 Kürbis schälen und grob raspeln. Zwiebeln und Knoblauch abziehen, zerkleinern und mit dem Kürbis vermischen. In eine halbhohe Auflaufform füllen.

2 Die Brühe mit der Sahne, Koriander, Ingwer, Salz und Cayennepfeffer verquirlen und über den Kürbis gießen.

3 Die Kräcker in einen Gefrierbeutel geben und mit der Nudelrolle fein zerkleinern. Mit dem Käse mischen und über den Kürbis streuen.

4 Gratin in den kalten Backofen (mittlere Schiene) stellen und bei 220 °C (Gas Stufe 3–4) etwa 45 Minuten backen.

Pro Portion

1784/426 kJ/kcal • 13 g Eiweiß
30 g Fett • 25 g Kohlenhydrate
7 g Ballaststoffe
82 mg Cholesterin

Pilze mit Grünkernkruste

1 Schrot in Brühe aufkochen und zugedeckt bei schwächster Hitze 10 Minuten kochen. Ausquellen lassen.

2 Die Pilze in Streifen schneiden und im Öl anbraten. In eine ofenfeste Form geben.

3 Den Käse zerbröckeln. Zitrone waschen und abtrocknen. $1/2$ Zitronenschale dünn abschneiden, zerkleinern. Diese Zutaten mit Zwiebel, Knoblauch, dem ausgepressten Zitronensaft, Oregano, Salz und Pfeffer unter den Grünkern mischen. Auf den Pilzen verteilen. Sahne würzen und um die Pilze gießen.

4 Die Pilze in den Backofen (mittlere Schiene) schieben und bei 200 °C (Umluft 180 °C, Gas Stufe 3) 40 Minuten backen.

Pro Portion

1985/474 kJ/kcal • 16 g Eiweiß
35 g Fett • 24 g Kohlenhydrate
18 g Ballaststoffe
51 mg Cholesterin

Für 3 Portionen

- 100 g Grünkernschrot
- 250 ml Gemüsebrühe (Instant)
- 750 g Austernpilze
- 3 EL Öl
- 100 g weicher griechischer Schafskäse
- 1 kleine, unbehandelte Zitrone
- 1 gehackte Zwiebel
- 1 gehackte Knoblauchzehe
- 1 TL getrockneter Oregano
- Salz, Pfeffer aus der Mühle
- 100 g Sahne

■ *Zubereitungszeit: 75 Minuten*
Arbeitszeit: 35 Minuten

Anstelle der Austernpilze können auch Champignons oder Steinpilze mit der Grünkernkruste überbacken werden.

Für 3 Portionen

- 1 kleine Zwiebel
- 1 TL Öl
- 50 g Grünkernschrot
- 1 TL Gemüsebrüheextrakt
- 100 g Spinat
- 4 Eier
- 200 g Magerquark
- Salz, Cayennepfeffer
- 1/2 TL gemahlener Kümmel
- 100 g Sahne
- 50 g geriebener Parmesan
- Butter oder Pflanzenmargarine für die Form

- *Zubereitungszeit: 100 Minuten Arbeitszeit: 50 Minuten*

Quark-Käse-Auflauf mit Grünkern

1 Die Zwiebel fein zerkleinern. Mit dem Grünkernschrot im heißen Öl anbraten. 1/4 Liter Wasser und den Brüheextrakt zugeben, Schrot aufkochen und zugedeckt bei schwächster Hitze 10 Minuten garen. Den Topf von der Kochstelle nehmen und den Grünkernbrei lauwarm abkühlen lassen.

2 Den Spinat waschen, trocknen und ganz fein hacken. Die Eier trennen. Zuerst nacheinander die Eigelbe, dann esslöffelweise den Quark und zum Schluss den Spinat unter den Grünkernbrei rühren. Mit Salz, Cayennepfeffer und Kümmel würzen.

3 Eiweiß und Sahne getrennt steif schlagen, auf den Teig geben und etwa die Hälfte des Parmesans darüber streuen. Alles mit einem Kochlöffel vermischen.

4 Eine hohe Auflaufform von etwa 1 1/2 Liter Inhalt gut einfetten und mit dem restlichen Käse ausstreuen. Die Masse darin glatt streichen. Den Auflauf in den kalten Backofen (untere Schiene) stellen und bei 180 °C (Umluft 160 °C, Gas Stufe 2) etwa 50 Minuten backen, bis er leicht gebräunt ist.

Pro Portion

1766/422 kJ/kcal
28 g Eiweiß • 28 g Fett
15 g Kohlenhydrate
2 g Ballaststoffe
346 mg Cholesterin

Tipp Schrot beim Garen häufig umrühren, damit es nicht zu stark anliegt. Nach dem Garen den geschlossenen Topf kurz in kaltes Wasser tauchen; so löst sich das Schrot gut vom Topfboden.

Info Blattspinat aus der Tiefkühlung enthält ebenso viele Vitamine und Mineralstoffe wie frischer. Dies sind vor allem: Vitamin K, Beta-Karotin, Kalium und Kalzium. Das Provitamin A, das Beta-Karotin, verleiht dem Spinat seine grüne Farbe. Etwas Butter oder Sahne unterstützt die Ausnutzung dieser fettlöslichen Vitamine.

Wirsingstrudel

1 Für den Teig Mehl mit 1 kräftigen Prise Salz, Öl und 150 Millilitern lauwarmem Wasser vermischen. Auf der Arbeitsfläche kräftig durchkneten, bis ein elastischer, glatter Teig entstanden ist.

2 Zu einem Kloß formen, in Pergamentpapier wickeln und unter einer angewärmten Schüssel ruhen lassen, bis die Füllung zubereitet ist.

3 Den Wirsing auftauen lassen. Die Kartoffeln schälen, waschen, würfeln und in wenig Wasser weich kochen. Abgießen, mit einer Gabel zerdrücken und mit dem Wirsing mischen.

4 Den Käse reiben, die Nüsse hacken. Zwiebel und Knoblauch zerkleinern. Alles unter die Kartoffelmischung geben. Saure Sahne, Petersilie, Koriander, 1 kräftige Prise Salz, Muskat, Pfeffer und Cayennepfeffer zugeben und mischen.

5 Eine mittelhohe Auflaufform fetten. Den Teigkloß in 5 Stücke schneiden. Jedes Stück auf wenig Mehl so dünn wie möglich ausrollen und nur rundherum an den dickeren Rändern mit den Fingerspitzen vorsichtig ausziehen.

6 Teigstücke mit Öl bestreichen und mit der Kartoffelmischung belegen. Dabei rundherum am Rand etwa 2 Zentimeter frei lassen, damit beim Zusammenfalten nichts herausquillt. Die beiden Schmalseiten, dann die Längsseiten des Teigstückes über der Füllung falten. Die Päckchen dachziegelförmig so in die Form legen, dass jedes das nächste bis zur Hälfte bedeckt. Mit Butter bepinseln.

7 Strudel in den kalten Backofen (mittlere Schiene) stellen und bei 200 °C (Umluft 180 °C, Gas Stufe 3) etwa 40 Minuten backen.

Pro Portion

2966/708 kJ/kcal • 15 g Eiweiß
46 g Fett • 59 g Kohlenhydrate
8 g Ballaststoffe
37 mg Cholesterin

Info Während des Backens die Strudel 2- bis 3-mal mit der restlichen Butter und der Flüssigkeit bestreichen, die sich am Boden der Form sammelt. So werden sie braun und knusprig.

Für 5 Portionen

Teig:
- 300 g Dinkelmehl
- Salz
- 8 EL Sonnenblumen- oder Distelöl

Füllung:
- 1 Paket TK-Rahmwirsing (300 g)
- 500 g mehlig kochende Kartoffeln
- 50 g Greyerzer Käse
- 75 g Nusskerne
- 1 Zwiebel
- 1 Knoblauchzehe
- 100 g saure Sahne
- 3 EL gehackte Petersilie
- 1 TL gemahlener Koriander
- Salz
- frisch geriebene Muskatnuss
- schwarzer Pfeffer aus der Mühle
- Cayennepfeffer
- 2 EL Sonnenblumenöl
- flüssige Butter

■ *Zubereitungszeit: 170 Minuten*

Für 4 Portionen

- 1 kg Auberginen
- 3 EL Mehl
- ¼ l Öl
- 1 kg Tomaten
- 500 g Greyerzer Käse
- 250 g Dinkelspätzle
- Salz, Pfeffer aus der Mühle
- 1 EL Hildegard-Kräuter-mischung
- 200 g Crème fraîche

■ *Zubereitungszeit:*
90 Minuten
Arbeitszeit: 60 Minuten

Auberginenauflauf mit Nudeln

1 Auberginen waschen, würfeln und in einer großen Schüssel mit Mehl mischen. Portionsweise im heißen Öl bei mittlerer Hitze goldbraun braten. Herausnehmen und auf Küchenpapier abtropfen lassen.

2 Tomaten abziehen und würfeln. Käse reiben. Die Spätzle in reichlich Salzwasser 5 Minuten kochen. Abgießen und abtropfen lassen.

3 Auberginen, Tomaten, Spätzle, ²/₃ der Käsemenge, Salz, reichlich Pfeffer, die Kräutermischung und die Crème fraîche in der Schüssel mischen.

4 Alles in eine Auflaufform geben, mit restlichem Käse bestreuen. Auflauf in den Backofen (untere Schiene) stellen und bei 200 °C (Umluft 180 °C, Gas Stufe 3) etwa 30 Minuten backen, bis er gebräunt ist.

Pro Portion

6571/1570 kJ/kcal • 51 g Eiweiß
126 g Fett • 61 g Kohlenhydrate
12 g Ballaststoffe
255 mg Cholesterin

Für 4 Portionen

- 1 Paket TK-Dicke Bohnen (300 g)
- 1 kleine Zwiebel
- 1 Bund Schnittlauch
- 100 g Dinkelmehl
- 2 Eier
- 200 g körniger Frischkäse
- Salz, weißer Pfeffer
- 100 g frisch geriebener Emmentaler Käse
- für die Form:
- 1 EL Butter
- 2 EL geriebener Käse

■ *Zubereitungszeit:*
90 Minuten
Arbeitszeit: 30 Minuten

Bohnenauflauf

1 Die Dicken Bohnen auftauen lassen. Die Zwiebel fein zerkleinern, den Schnittlauch waschen und in Röllchen schneiden.

2 Das Mehl mit ¼ Liter Wasser glatt rühren. Die Eier trennen. Zuerst die Eigelbe, dann esslöffelweise Frischkäse und die Dicken Bohnen unter die Mischung rühren. Mit Salz und Pfeffer würzen.

3 Die Eiweiß steif schlagen und auf die Auflaufmasse geben. Käse darüber streuen und alles mischen.

4 Eine hohe Auflaufform fetten, mit Käse ausstreuen. Den Auflauf einfüllen, in den kalten Backofen (mittlere Schiene) stellen und bei 180 °C (Umluft 160 °C, Gas Stufe 2) etwa 60 Minuten backen. Dazu passt Kräutersalat mit Radieschen oder Sellerie mit Äpfeln.

Pro Portion

2657/634 kJ/kcal • 42 g Eiweiß
33 g Fett • 41 g Kohlenhydrate
24 g Ballaststoffe
199 mg Cholesterin

Käsesoufflé mit Kräutern

1 Die Milch mit Fett, Salz, Cayennepfeffer und Muskatnuss aufkochen, bis das Fett geschmolzen ist. Das Mehl auf einmal hineinschütten und rühren, bis sich der Teig zu einem Kloß ballt und sich am Boden des Topfes eine weiße Schicht bildet. Den Teig in eine Rührschüssel geben, 1 Ei mit den Knethaken des Handrührgerätes untermischen. Teig abkühlen lassen.

2 Inzwischen den Käse fein reiben. Kräuter waschen, gut trocknen und ganz fein zerkleinern.

3 Nacheinander 1/3 der Käsemenge, die restlichen Eier und mit dem letzten Ei das Backpulver und die Kräuter unter den Teig mischen.

4 Eine hohe ofenfeste Form fetten und mit 2/3 des Käses ausstreuen. Teig einfüllen und mit dem restlichen Käse bestreuen. Das Soufflé in den kalten Backofen (untere Schiene) schieben und bei 180 °C (Umluft 160 °C, Gas Stufe 2) etwa 45 Minuten backen, bis es hoch aufgegangen, an der Oberfläche eingerissen und gleichmäßig braun ist.

Pro Portion

1829/437 kJ/kcal • 19 g Eiweiß
28 g Fett • 27 g Kohlenhydrate
3 g Ballaststoffe
283 mg Cholesterin

Für 4 Portionen

- 1/4 l Milch
- 50 g Butter oder Pflanzenmargarine
- Salz, Cayennepfeffer
- geriebene Muskatnuss
- 150 g Dinkelvollkornmehl
- 4 Eier
- 75 g Greyerzer
- 1/2 Bund gemischte frische Kräuter
- 1/2 TL Backpulver
- Fett für die Form

■ *Zubereitungszeit: 75 Minuten Arbeitszeit: 30 Minuten*

Ein Soufflé zu backen erfordert etwas Geschick, doch die Gäste werden Sie sicher bewundern. Bereits ein leichter Luftzug kann die schaumige Masse zusammenfallen lassen.

Dinkel – Triticum spelta

In 100 Gramm Körnern sind durchschnittlich enthalten

Kohlenhydrate 62,4 g	Vitamin B1 0,3 mg	Eisen 4,2 mg
Ballaststoffe 8,8 g	Vitamin B2 0,1 mg	Kalium 447 mg
Fett 2,7 g	Niazin 1,5 mg	Magnesium 130 mg
Eiweiß 11,6 g	Pantothensäure 1,7 mg	Phosphor 411 mg
kJ/kcal 1340/320	Vitamin B6 0,3 mg	
Vitamin E 0,3 mg	Kalzium 22 mg	Fluorid 0,06 mg

Für 6 Portionen

- 6 große Zwiebeln

Füllung:

- 100 g Dinkelbulgur
- Salz
- 2 Knoblauchzehen
- 2 kleine Zucchini
- 3 EL Olivenöl
- 500 g passierte Tomaten (Dose oder Packung)
- 1 EL TK-Kräuter der Provence
- 50 g Butter

Sauce:

- 1 Möhre
- 1 EL Olivenöl
- 1 Prise Zucker
- 1 EL Mehl
- Salz
- 100 g Gratinkäse

■ **Zubereitungszeit:
90 Minuten
Arbeitszeit: 45 Minuten**

Dinkelbulgur, dessen Inhaltsstoffe durch Wasser und Wärme aufgeschlossen werden und daher biologisch verfügbar sind, eignen sich am besten zum Kochen.

Gefüllte Zwiebeln mit Dinkelbulgur

1 Den Bulgur mit 200 Milliliter Wasser und Salz aufkochen und zugedeckt bei schwacher Hitze 20 Minuten garen. Auf ein Sieb abgießen.

2 Während der Bulgur kocht, die Zwiebeln schälen. Vom Wurzelansatz so viel abschneiden, dass die Zwiebeln aufrecht stehen. Den Stielansatz als Deckel abschneiden. Das Zwiebelinnere so herauslösen, dass nur 2 dicke Außenhäute übrig bleiben, und fein hacken.

3 Den Knoblauch schälen und fein zerkleinern. Die Zucchini waschen und würfeln. Das Öl erhitzen. Die Hälfte der gehackten Zwiebeln und den Knoblauch zugeben und bei mittlerer Hitze etwa 3 Minuten dünsten. Etwa 2/3 der passierten Tomaten zugeben und bei starker Hitze dickflüssig einkochen lassen. Alles in eine Schüssel geben, mit dem Bulgur und den Kräutern mischen und kräftig mit Salz würzen.

4 Reichlich Salzwasser zum Kochen bringen und die ausgehöhlten Zwiebeln darin knapp 3 Minuten blanchieren. Mit einem Schaumlöffel herausnehmen und mit der Öffnung nach unten auf ein Küchentuch zum Austropfen legen. Aufrecht nebeneinander in eine ofenfeste Form setzen, mit der Bulgurmischung füllen und mit Butterflöckchen belegen. Zwiebeln in den kalten Backofen (untere Schiene) schieben und bei 180 °C (Umluft 160 °C, Gas Stufe 2) etwa 30 Minuten backen.

5 Inzwischen die Möhre schälen und würfeln. Das Öl erhitzen, den Rest des gehackten Zwiebelinneren und die Möhrenwürfel darin andünsten. Zucker und Mehl darüber streuen und bei mittlerer Hitze kurz anbraten.

6 Die restlichen Tomaten zugeben. Die Sauce aufkochen und zugedeckt bei schwacher Hitze 15 Minuten garen. Die Sauce über die Zwiebeln gießen, den Käse darüber streuen. Die Zwiebeln weitere 15 Minuten backen, bis sie eine goldbraune Kruste haben.

Pro Portion

1612/385 kJ/kcal • 13 g Eiweiß
21 g Fett • 34 g Kohlenhydrate
9 g Ballaststoffe
40 mg Cholesterin

Spätzlegratin mit Gemüse

1 Spinat auftauen lassen. Kartoffeln schälen und würfeln. Mit den Spätzle in Salzwasser 5 Minuten kochen lassen. Den Backofen auf 180 °C (Umluft 160° C, Gas Stufe 2) vorheizen.

2 Die Kartoffelmischung abgießen, mit Öl mischen und abkühlen lassen.

3 Die Zwiebel schälen und fein hacken, den Spinat ausdrücken und zerkleinern. Beide Zutaten mit den Kartoffeln und Spätzle vermischen und in eine flache Gratinform geben. Mit Salz, Muskat und Pfeffer würzen.

4 Ei, Milch und Sahne verquirlen. Den Käse würfeln und alles auf dem Gratin verteilen.

5 Gratin in den heißen Ofen (untere Schiene) schieben und bei etwa 20 Minuten backen.

Pro Portion

2715/648 kJ/kcal • 32 g Eiweiß
35 g Fett • 50 g Kohlenhydrate
6 g Ballaststoffe
188 mg Cholesterin

Für 4 Portionen

- 1 Packung tiefgefrorener Blattspinat
- 2 kleine Kartoffeln (fest kochende Sorte)
- 250 g Dinkelspätzle
- Salz, Pfeffer aus der Mühle
- 1 EL Öl
- 1 Zwiebel
- geriebene Muskatnuss
- 1 Ei
- 1/8 l Milch
- 100 g Sahne
- 250 g Bergkäse in dünnen Scheiben

■ *Zubereitungszeit: 50 Minuten*

Auch als Füllung für Zwiebeln oder andere Gemüsesorten wie z. B. Tomaten, Paprika oder Zucchini entfaltet Dinkel sein nussiges Aroma.

Hauptgerichte

Mittelpunkt vieler Mahlzeiten ist das Hauptgericht. In unserer Küche sollte es aus einer ausgewogenen Mischung aus Kohlenhydraten, Eiweiß und Fett bestehen – wobei dem Fett natürlich ein geringerer Anteil zukommt. Dinkelprodukte und Gemüse machen die Gerichte ballaststoffreich, so dass sie gut sättigen.

Bulgur mit Pilzen und Zucchini

Für 2 Portionen

- 125 g Dinkelbulgur
- $3/8$ l Gemüsebrühe
- 1 kleine Zwiebel
- 1 mittelgroße Zucchini
- 150 g Austernpilze
- 3 EL Olivenöl
- Kräutersalz
- Cayennepfeffer

■ *Zubereitungszeit: 30 Minuten*

1 Den Bulgur mit der Brühe aufkochen und zugedeckt bei schwacher Hitze 2 Minuten garen. Auf der abgeschalteten Kochstelle 20 Minuten ausquellen lassen.

2 Inzwischen Zwiebel abziehen und fein hacken. Zucchini klein würfeln. Die Pilze putzen und in Streifen schneiden.

3 Das Öl erhitzen und die Zwiebeln darin glasig dünsten.

Pilze und Zucchinistücke zugeben und weitere 10 Minuten schmoren. Mit Kräutersalz und Pfeffer kräftig würzen und zum Dinkelbulgur servieren.

Pro Portion

1775/423 kJ/kcal

11 g Eiweiß • 23 g Fett

43 g Kohlenhydrate

12 g Ballaststoffe

0 mg Cholesterin

Dinkelpflänzchen

Für 4 Portionen

- 500 g Zucchini
- 1 kleine Zwiebel
- 25 g Roquefort oder Gorgonzola
- 50 g Dinkelmehl
- 2 Eier
- Salz, weißer Pfeffer
- Öl zum Braten

■ *Zubereitungszeit: 30 Minuten*

1 Die Zucchini waschen, putzen und grob raspeln. Die Zwiebel hacken, den Käse mit einer Gabel fein zerdrücken. Alles mit Mehl und Eiern verrühren, mit Salz und 1 kräftigen Prise Pfeffer würzen.

2 Die Pflänzchen portionsweise in heißem Öl pro Seite etwa

5 Minuten backen. Dazu passt grüner Salat.

Pro Portion

636/152 kJ/kcal

8 g Eiweiß • 8 g Fett

12 g Kohlenhydrate

2 g Ballaststoffe

109 mg Cholesterin

Dinkelrisotto mit Roten Beten

1 Den Dinkel mit der Brühe aufkochen und zugedeckt bei schwacher Hitze 1 Stunde garen. Auf der abgeschalteten Kochstelle 1 weitere Stunde quellen lassen.

2 Die Roten Beten waschen, auf ein Backblech legen und in den kalten Backofen (mittlere Schiene) stellen. Bei 180 °C (Umluft 160 °C, Gas Stufe 2) etwa 1 Stunde backen, bis sie weich sind.

3 Den Joghurt mit Salz und Cayennepfeffer kräftig verrühren und bis zum Servieren kühlen.

4 Lauch waschen, putzen und mit den saftigen grünen Blät-tern in feine Ringe schneiden. Den Knoblauch abziehen und hacken.

5 Lauch, Knoblauch und Crème fraîche unter den gegar-ten Dinkel mischen, einmal aufkochen und mit Salz und Pfeffer abschmecken.

6 Die Roten Beten vierteln und mit dem Dinkel anrichten. Die Petersilie über den Dinkel streuen und Joghurt dazu servieren.

Pro Portion

1571/375 kJ/kcal • 14 g Eiweiß
7 g Fett • 62 g Kohlenhydrate
13 g Ballaststoffe
12 mg Cholesterin

Für 4 Portionen

- 200 g Dinkelkörner
- 400 ml kräftige Gemüsebrühe
- 8 kleine Rote Beten
- 250 g Joghurt
- Cayennepfeffer
- 2 dünne Stangen Lauch
- 1 Knoblauchzehe
- 1 EL Crème fraîche
- Salz, weißer Pfeffer
- 2 EL gehackte Petersilie

■ *Zubereitungszeit:*
   140 Minuten
   Arbeitszeit: 20 Minuten

Info Joghurt selbst herzustellen ist ganz einfach: Alles, was Sie benötigen, sind 1 Liter Milch und 150 Gramm Joghurt. Die Milch zum Sieden bringen und auf etwa 40 °C abkühlen lassen. Die Milch in eine Schüssel geben und den Joghurt esslöffelweise darin verteilen. Die Milch-Joghurt-Mischung nicht umrühren. Mit einem Handtuch abdecken und für 12 bis 18 Stunden an einem warmen Ort stehen lassen. Es geht noch schneller, wenn die Masse 1 Stunde in den vorgeheizten Backofen bei 45 °C gestellt wird. Den Backofen abstellen und weitere 6 Stunden ruhen lassen. Vor dem Verzehr 6 Stunden im Kühlschrank stehen lassen.

Tipp Wird der Joghurt mit Nüssen, gekochtem Dinkelschrot und Obst vermischt, erhält man ein schmackhaftes Müsli.

Der Joghurtansatz kann bis zu 10-mal verwendet werden, um aus Milch Joghurt zu gewinnen. Erst dann verlieren die Milchsäurebakterien ihre Wirkung.

Kohlrouladen mit Grünkernschrot

Für 6 Portionen

- 200 g Grünkernschrot
- 2 TL Gemüsebrüheextrakt
- 600 g Tomaten
- 1 Zwiebel
- 1 Bund Petersilie
- 4 Salbeiblätter
- 4 EL geriebener Käse
- weißer Pfeffer aus der Mühle
- geriebene Muskatnuss
- 1 Weißkohl (ca. 1 kg)
- Salz
- 2 EL Öl
- 1/2 l Gemüsebrühe
- 150 g Sahne
- 1 TL Mehl

■ *Zubereitungszeit:*
60 Minuten

Salbei wurde schon im Mittelalter als Heilpflanze gegen
Frauenleiden, Magen- und
Verdauungsbeschwerden
geschätzt. Hildegard widmet
dem Kraut ein langes Kapitel:
Salbei hilft gegen Verschlei-
mung und schlechten Atem,
lindert Blähungen und Kopf-
schmerzen. Die moderne
Forschung hat das bestätigt:
Auch heute verwenden
wir Salbeitee oder -öl und
mischen Salbeiblätter in defti-
ges Essen, um die Bekömm-
lichkeit zu fördern.

1 Für die Füllung den Schrot mit 400 Millilitern heißem Wasser und Brüheextrakt verrühren und 10 Minuten zugedeckt quellen lassen. Die Tomaten abziehen und würfeln, die Zwiebel schälen und hacken. Den Grünkern mit 1/3 der Tomaten, 1/2 der gehackten Kräuter, 2 Esslöffeln Käse, Pfeffer und Muskat mischen.

2 Den Weißkohl putzen, äußere Blätter entfernen und den Strunk herausschneiden. Den Kohlkopf in sprudelnd kochendem Wasser 5 bis 6 Minuten kochen lassen, bis die äußeren Blätter so weich sind, dass man sie ablösen und leicht aufrollen kann. Weißkohl herausnehmen, 12 Blätter ablösen und den Rest wieder in das kochende Wasser geben. Noch einmal 5 Minuten garen. Herausnehmen, abtropfen lassen, halbieren, fein zerkleinern und unter die Grütze mischen.

3 Die dicken Rippen der abgelösten Kohlblätter flach schneiden. 6 größere Blätter nebeneinander auf der Arbeitsfläche ausbreiten und die restlichen Kohlblätter darauf legen. Mit Salz würzen. Die Füllung auf den Kohlblättern verteilen, Blätter an den Seiten einschlagen, wie Rouladen aufrollen und mit Küchengarn umbinden.

4 Das Öl in einem Schmortopf erhitzen, die Rouladen darin bei mittlerer Hitze rundherum anbraten. Die restlichen Tomaten und die Brühe zugeben. Die Rouladen im offenen Topf in den kalten Backofen (untere Schiene) schieben und bei 190 °C (Umluft 170 °C, Gas Stufe 2–3) etwa 30 Minuten garen, bis sie leicht gebräunt sind.

5 Die Schmorflüssigkeit auffangen. Die Rouladen mit dem restlichen Käse bestreuen und im Ofen überbacken. Sahne mit Mehl verrühren und zur Schmorflüssigkeit geben. Unter Rühren aufkochen und bei starker Hitze cremig einkochen lassen. Die Rouladen mit Sauce umgießen und mit den restlichen Kräutern bestreuen.

Pro Portion

1375/328 kJ/kcal • 10 g Eiweiß
18 g Fett • 32 g Kohlenhydrate
8 g Ballaststoffe
36 mg Cholesterin

Rosenkohl mit Dinkelnudeln

1 Die Butter erhitzen, Dinkelbrösel darin hellbraun rösten. In eine Schüssel geben. Mehl, Salz und Sahne untermischen und lauwarm abkühlen lassen. Die Eier unterrühren. Den Teig zugedeckt ruhen lassen, bis die Bohnen vorbereitet sind.

2 Den Rosenkohl waschen, putzen und jeweils am Stielende kreuzweise einschneiden. Die Zwiebel halbieren und in dünne Scheiben schneiden. Den Schinken grob zerkleinern.

3 Das Öl in einem großen Topf erhitzen, Zwiebel und Schinken darin bei mittlerer Hitze anbraten. Rosenkohl und Mehl zugeben und einige Male umrühren. Brühe zugießen und aufkochen. Rosenkohl mit Salz und Pfeffer würzen und zugedeckt bei schwacher Hitze in etwa

20 Minuten gerade eben weich garen.

4 Inzwischen reichlich Wasser zum Kochen bringen. Vom Teig mit einem Teelöffel etwa walnussgroße Stücke abnehmen und auf Mehl zu fingerlangen Nudeln rollen.

5 Die Nudeln im sprudelnd kochenden Wasser einmal aufkochen und bei mittlerer Hitze etwa 5 Minuten kochen, bis sie an der Oberfläche schwimmen. Mit einem Schaumlöffel herausnehmen und in eine heiße Schüssel geben. Rosenkohl dazu servieren.

Pro Portion

2440/582 kJ/kcal • 27 g Eiweiß
31 g Fett • 47 g Kohlenhydrate
13 g Ballaststoffe
190 mg Cholesterin

Für 4 Personen

Nudeln:

- 50 g Butter
- 100 g Dinkelvollkornbrösel
- 100 g Dinkelmehl
- Salz
- 100 g Sahne
- 2 Eier

Gemüse:

- 1 kg Rosenkohl
- 1 Zwiebel
- 150 g gekochter Schinken
- 2 EL Öl
- 1 EL Mehl
- $1/8$ l Fleisch- oder Gemüsebrühe
- weißer Pfeffer
- Mehl zum Formen

■ *Zubereitungszeit: 70 Minuten*

Info Eier von freilaufenden, artgerecht gehaltenen Hühnern kosten zwar mehr, sind aber auch gesünder: Biobauern versichern, dass die Eier frei von Arzneimittelrückständen sind.

Tipp Man mischt 200 Gramm Joghurt mit 2 Eigelben und frisch gehackten Kräutern, schmeckt alles mit Salz und Pfeffer ab, mengt 75 Gramm geraspelten Greyerzer darunter und verteilt die Sauce über die Gemüsenudeln. 15 Minuten überbacken, bis sie braun sind.

Für 4 Portionen

- 250 g Dinkelkörner
- 2 große Fleischtomaten
- 1 Zwiebel
- 2 EL Olivenöl
- 1/2 Bund Kräuter für grüne Sauce
- 100 g Crème fraîche
- Salz, weißer Pfeffer

■ *Zubereitungszeit:*
120 Minuten
Arbeitszeit: 20 Minuten

Das Tomatengemüse soll nur locker mit dem Dinkel vermischt, nicht damit geschmort werden.

Für 4 Portionen

- 100 g Dinkelvollkornmehl
- Salz
- 2 Eier
- 4 EL Sonnenblumenöl
- 2 Zwiebeln
- 4 dicke Porreestangen
- 1 EL Butter
- 125 g Sahne
- Pfeffer aus der Mühle
- 1/2 TL Kreuzkümmel (Kumin)
- 2 EL Zitronensaft
- 1 EL gemischte TK-Kräuter

■ *Zubereitungszeit:*
45 Minuten

Dinkel mit Tomaten

1 Den Dinkel mit 1/2 Liter Wasser übergießen und 1 Stunde quellen lassen. Salz zugeben, den Dinkel aufkochen und zugedeckt bei schwächster Hitze in 1 Stunde garen.

2 Die Tomaten abziehen und würfeln, die Zwiebel schälen und hacken, Kräuter fein zerkleinern.

3 Das Öl in einer Pfanne erhitzen. Die Zwiebel darin glasig braten. Die Tomaten, Crème fraîche und Kräuter zugeben und kräftig aufkochen. Mit dem Dinkel mischen, mit Salz und Pfeffer abschmecken.

Pro Portion
1530/365 kJ/kcal
8 g Eiweiß • 18 g Fett
43 g Kohlenhydrate
7 g Ballaststoffe
29 mg Cholesterin

Dinkeleierkuchen mit Porree

1 Das Mehl mit Salz mischen. Mit 1/4 Liter Wasser und den Eiern zu einem glatten Teig rühren. Zugedeckt ruhen lassen, bis die anderen Zutaten vorbereitet sind.

2 Die Zwiebeln schälen und fein zerkleinern. Den Porree waschen, putzen und in dünne Ringe schneiden, dabei das saftige Grün mitverwenden.

3 Je 1 Esslöffel Öl in einer Pfanne erhitzen und nacheinander 8 Eierkuchen backen. Im Backofen warm halten.

4 Die Butter in einer anderen Pfanne zerlassen und die Zwiebeln bei schwacher Hitze glasig braten. Den Porree zugeben und unter Rühren 5 Minuten mitbraten. Die Sahne zugießen, einmal aufkochen und das Gemüse 5 Minuten garen. Mit Salz, Pfeffer, Zitronensaft und Kreuzkümmel kräftig würzen.

5 Das Gemüse auf vorgewärmten Tellern verteilen und mit den Kräutern bestreuen. Die Eierkuchen zusammengeklappt daneben anrichten.

Pro Portion
1647/393 kJ/kcal • 10 g Eiweiß
29 g Fett • 23 g Kohlenhydrate
6 g Ballaststoffe
151 mg Cholesterin

Staudensellerie in Dillsauce

1 Den Grünkern mit ½ Liter Wasser übergießen und zugedeckt 1 Stunde quellen lassen. Salz zugeben, Grünkern aufkochen und zugedeckt bei schwacher Hitze in etwa 40 Minuten weich garen.

2 Inzwischen den Staudensellerie waschen, putzen und in etwa fingerbreite Stücke schneiden. Die Blättchen abschneiden und beiseite legen. Die Zwiebel abziehen und hacken.

3 Selleriestücke und Zwiebel in 1 Esslöffel heißem Öl bei mittlerer Hitze unter Rühren etwa 3 Minuten anbraten. Mehl zugeben und unter Rühren anrösten. Gemüsebrühe langsam dazugießen und unter Rühren aufkochen, bis die Sauce glatt ist. Den Sellerie zugedeckt bei schwacher Hitze in etwa 5 Minuten bissfest kochen.

4 Die Tomaten abziehen, würfeln, unter den Grünkern mischen und auf der abgeschalteten Kochstelle einige Minuten ziehen lassen. Das restliche Öl in einer Pfanne erhitzen. Die Sonnenblumenkerne darin unter Rühren etwa 5 Minuten rösten.

5 Die Sahne zum Sellerie geben und erhitzen. Sellerieblättchen und Dill fein hacken und untermischen. Grünkern und Sellerie auf heißen Tellern anrichten.

Pro Portion

2057/491 kJ/kcal • 13 g Eiweiß
26 g Fett • 51 g Kohlenhydrate
11 g Ballaststoffe
27 mg Cholesterin

Für 4 Portionen

- 250 g Grünkern
- Salz
- 750 g Staudensellerie
- 1 Zwiebel
- 3 EL Sonnenblumenöl
- 25 g Dinkelmehl
- ¼ l Gemüsebrühe
- 2 Tomaten
- 50 g Sonnenblumenkerne
- 100 g Sahne
- ½ Bund Dill

■ *Zubereitungszeit:
100 Minuten
Arbeitszeit: 40 Minuten*

Info Hildegard beschreibt den Sellerie wie folgt: »Sellerie hat mehr grüne Natur als eine trockene. Roh taugt er nicht zum Essen, weil er schlechte Säfte bereitet. Gekocht schadet Sellerie nicht, sondern macht viele gute Säfte. Wie auch immer gegessen, führt er die Menschen, die wankelmütig sind, zur Unbeständigkeit, weil sein Grün ihnen manchmal schadet oder traurig macht.«
Selleriesamen empfiehlt sie bei Gicht und rheumatischen Beschwerden. Die harntreibende und damit heilende Wirkung von Sellerie wird auch heute noch in der Volksmedizin verwendet.

Für 4 Portionen

- 500 g Dinkelmehl
- 1 Päckchen Trockenhefe
- Salz
- 2 zimmerwarme Eier
- 1/2 Bund Schnittlauch
- 1 TL Kreuzkümmel
- 100 g Schweineschmalz, Kokosfett oder Öl

■ *Zubereitungszeit:*
100 Minuten
Arbeitszeit: 40 Minuten

Heute kennen wir Kreuzkümmel als eher exotisches Gewürz aus Indien, Nordafrika und dem Nahen Osten – z. B. in Falafel, den berühmten Kichererbsenbällchen, oder Harissa, der scharfen Würzpaste. Zur Zeit der Heiligen Hildegard war er so beliebt wie der heimische Wiesenkümmel und wurde genauso verwendet. Beide Kümmelarten wirken gegen Magen- und Darmbeschwerden.

Anstelle von Schnittlauch schmecken die gebackenen Dinkelklöße auch sehr gut mit anderen Kräutern – nur frisch sollten sie sein.

Gebackene Dinkelklöße

1 Mehl mit Hefe und Salz mischen. Eier und 1/4 Liter lauwarmes Wasser zugeben. 5 Minuten durchrühren, bis der Teig Blasen bildet. Zugedeckt etwa 1 Stunde an einem warmen Ort gehen lassen.

2 Schnittlauch fein zerkleinern und mit dem Kreuzkümmel unter den Teig kneten.

3 Fett erhitzen. Mit einem in Mehl getauchten Esslöffel eigroße Klöße vom Teig abstechen und zugedeckt bei mittlerer Hitze etwa 10 Minuten backen, bis sie unten braun sind.

4 Klöße wenden und weitere 10 Minuten von der anderen Seite backen. Herausnehmen, auf Küchenpapier abtropfen lassen und warm halten, bis alle Klöße gebacken sind.

Pro Portion
2290/546 kJ/kcal • 16 g Eiweiß
13 g Fett • 89 g Kohlenhydrate
8 g Ballaststoffe
115 mg Cholesterin

Grünkernklöße mit Gemüse

1 Den Grünkernschrot mit 400 Milliliter Wasser übergießen, zum Kochen bringen und zugedeckt bei schwacher Hitze 10 Minuten garen. Von der Kochstelle nehmen und 30 Minuten quellen lassen.

2 Die Zwiebel abziehen und zerkleinern. Mit der Grütze, dem Oregano, Eiern, dem Quark und Dinkelbröseln zu einem Teig vermischen. Den Kloßteig mit Salz und Cayennepfeffer würzen. Aus dem Teig 10 Klöße formen.

3 Reichlich Wasser mit Salz zum Kochen bringen. Die Klöße hineingeben, zum Kochen bringen und im offenen Topf bei schwacher Hitze etwa 25 Minuten sanft kochen lassen.

4 Gefrorene Bohnen mit Gemüsebrühe und Paprikaflocken aufkochen und zugedeckt bei schwacher Hitze 20 Minuten weich garen.

5 Währenddessen die Äpfel schälen, vierteln und in dünne Schnitze teilen. Mit Zitronensaft vermischen, damit sie sich nicht verfärben. Den Lauch waschen, putzen und in etwa fingerlange Stücke schneiden.

6 Öl in einer Pfanne erhitzen. Die Äpfel und den Lauch darin bei mittlerer Hitze unter Rühren in etwa 5 Minuten weich braten. Bohnen untermischen, mit Salz würzen. Den Sesam bei mittlerer Hitze rösten, bis er zart duftet. Über das Gemüse streuen.

7 Die gegarten Klöße mit einem Schaumlöffel herausnehmen, abtropfen lassen und in eine Schüssel geben. Das Bohnengemüse dazu servieren.

Pro Portion

1869/446 kJ/kcal • 21 g Eiweiß
13 g Fett • 60 g Kohlenhydrate
12 g Ballaststoffe
80 mg Cholesterin

Für 5 Portionen

- 200 g Grünkernschrot
- 1 Zwiebel
- 100 g Dinkelvollkornbrösel
- 1/2 TL Oregano
- 2 Eier
- 1 EL Magerquark
- 1/2 TL getrockneter Thymian
- Salz, Cayennepfeffer
- 2 Pakete tiefgefrorene Dicke Bohnen (je 300 g)
- 100 ml Gemüsebrühe
- 1/2 EL Paprikaflocken
- 2 säuerliche Äpfel (Cox Orange oder Gloster)
- Saft von 1/2 Zitrone
- 3 dünne Stangen Lauch
- 1 EL Maiskeimöl
- 50 g Sesamsamen

■ *Zubereitungszeit: 90 Minuten*
Arbeitszeit: 30 Minuten

Info Beim Lauch unterscheidet man Sommer- und Winterlauch; der Sommerlauch ist etwas milder im Geschmack. Die Stangen sind reich an Kalzium, Vitamin E, B6, C und Folsäure. Lauch muss stets gründlich gereinigt werden, weil er häufig Sand zwischen den einzelnen Schichten enthält. Er hält sich bis zu drei Tagen im Kühlschrank.

Für 4 Portionen

- 150 g Hirse
- 1 kg Grünkohl
- 2 Möhren
- 1 kleine Zwiebel
- 1 Bund Petersilie
- 100 g Emmentaler
- 150 g Dinkelmehl
- 3 Eier
- Salz, weißer Pfeffer
- 4 EL Erdnuss- oder Olivenöl
- 1 Messerspitze gekörnte Gemüsebrühe
- 100 g Sahne
- 50 g Korinthen
- 75 g gehackte Nusskerne
- 1 EL Zitronensaft
- 1 Bund Schnittlauch

■ *Zubereitungszeit: 75 Minuten*

Dinkel-Hirse-Frikadellen

1 Die Hirse mit 450 Milliliter Wasser aufkochen und zugedeckt bei schwacher Hitze 5 Minuten garen. Den Topf von der Kochstelle nehmen. Hirse zugedeckt 15 Minuten quellen und dann im geöffneten Topf abkühlen lassen.

2 Inzwischen die Grünkohlblätter von den Stielen streifen, waschen und hacken. Möhren schälen und in dünne Stifte schneiden. Alles zugedeckt in einer Schüssel beiseite stellen.

3 Für den Frikadellenteig die Zwiebel und die Petersilie hacken. Den Käse reiben. Alles mit Hirse, Mehl und Eiern mischen, mit Salz und Pfeffer würzen. Aus dem Teig mit angefeuchteten Händen 12 flache Frikadellen formen.

4 In einer großen Pfanne 1¹/₂ Esslöffel Öl erhitzen. Die Hälfte der Frikadellen darin bei schwacher bis mittlerer Hitze in etwa 10 Minuten braten, herausnehmen und im Backofen bei etwa 50 °C zugedeckt warm halten. Die restlichen Frikadellen ebenso braten.

5 Grünkohl und Möhren im restlichen Öl bei mittlerer bis starker Hitze unter ständigem Wenden anbraten. 5 Esslöffel Wasser und die Gemüsebrühe darunter mischen. Gemüse einmal aufkochen und zugedeckt bei schwacher Hitze in etwa 7 Minuten gerade eben bissfest garen, dabei nach der Hälfte der Garzeit die Sahne darunter mischen.

6 Korinthen, Nüsse, Zitronensaft und den fein zerkleinerten Schnittlauch unter das Gemüse mischen. Mit Salz und Pfeffer abschmecken und zu den Frikadellen servieren.

Pro Portion

3478/830 kJ/kcal

34 g Eiweiß • 45 g Fett

71 g Kohlenhydrate

16 g Ballaststoffe

214 mg Cholesterin

Info Hirse ist eigentlich ein Sammelbegriff für verschiedene Grasarten. Im Mittelalter kannte man noch die Rispen- und Kolbenhirse. Heute gibt es eigentlich nur noch die Finger- und Rohrkolbenhirse, die Grundnahrungsmittel in Afrika und Asien ist.

Quarkfrikadellen

Für 4 Portionen

- 1 kleine Zwiebel
- 1/4 Bund Petersilie
- 500 g Magerquark
- 1 Ei
- 150 g Dinkelvollkornbrösel
- Salz, weißer Pfeffer
- 1 Messerspitze abgeriebene Zitronenschale
- geriebene Muskatnuss
- 4 EL Öl

■ *Zubereitungszeit: 20 Minuten*

1 Zwiebel und Petersilie fein zerkleinern. Beide Zutaten mit Quark, Ei und Vollkornbröseln zu einem formbaren Teig vermischen. Teig mit Salz, Pfeffer, Zitronenschale und Muskatnuss kräftig abschmecken.

2 Aus dem Teig mit angefeuchteten Händen 12 flache Frikadellen formen und portionsweise im heißen Öl bei schwacher bis mittlerer Hitze etwa 10 Minuten braten.

Pro Portion

1427/341 kJ/kcal

23 g Eiweiß • 15 g Fett

28 g Kohlenhydrate

3 g Ballaststoffe

56 mg Cholesterin

Variante Teig mit 1 Esslöffel Zucker statt Zwiebel, Petersilie, Pfeffer und Muskat zubereiten. Frikadellen mit Zimtzucker und Dinkelbröseln, die in brauner Butter geröstet sind, anrichten. Dazu schmeckt Zwetschgenkompott.

Tipp Die Frikadellen schmecken mit Oregano, Basilikum und Rosmarin gewürzt zu gemischtem Salat, Buttergemüse, gebratenen Pilzen oder Hülsenfrüchten in Tomatensauce.

Gemüsewaffeln

Für 4 Portionen

- 75 g Greyerzer oder Emmentaler Käse
- 500 g Kohlrabi
- 250 g mehlig kochende Kartoffeln
- 1 Zwiebel
- 1 Knoblauchzehe
- 75 g Dinkelmehl
- 2 Eier
- 2 EL Zitronensaft
- Salz, weißer Pfeffer
- Fett für das Waffeleisen

■ *Zubereitungszeit: 50 Minuten*

1 Den Käse reiben. Kohlrabiknollen und Kartoffeln schälen und wie für Kartoffelpuffer fein raspeln. Zwiebel und den Knoblauch fein zerkleinern, mit Kohlrabi, Kartoffeln, Mehl, Käse, Eiern und Zitronensaft darunter rühren. Mit Salz und 1 kräftigen Prise Pfeffer würzen.

2 Die Backflächen des Waffeleisens fetten. Jeweils etwa 1 1/2 Esslöffel Kohlrabi-Kartoffel-Masse hineingeben, das Eisen schließen und jede Waffel in 3 bis 4 Minuten goldbraun backen.

Pro Portion

1200/287 kJ/kcal • 14 g Eiweiß

15 g Fett • 25 g Kohlenhydrate

4 g Ballaststoffe

130 mg Cholesterin

Für 4 Portionen

Klöße:

- 75 g Dinkelkörner
- 150 g altbackenes Dinkel-toastbrot
- 1/4 l Milch
- 1 Zwiebel
- 1/2 Bund Petersilie
- 125 g Dinkelmehl
- 2 Eier
- 1 TL getrockneter Majoran
- Salz, weißer Pfeffer

Gemüse:

- 500 g grüne und rote Paprikaschoten gemischt
- 250 g Tomaten
- 1 Zwiebel
- 1 Knoblauchzehe
- 2 EL Sonnenblumenöl
- Salz, Pfeffer
- 1/2 Bund gemischte Grüne-Sauce-Kräuter
- 200 g Schmant
- scharfes Paprikapulver

■ *Zubereitungszeit:*
180 Minuten
Arbeitszeit: 60 Minuten

Dinkelklöße mit Paprikagemüse

1 Für die Klöße Dinkelkörner mit 150 Milliliter Wasser aufkochen und zugedeckt bei schwacher Hitze 1 Stunde garen. Den Topf von der Kochstelle nehmen und den Dinkel 1 weitere Stunde quellen lassen.

2 Das Brot grob zerkleinern, mit der heißen Milch übergießen und ziehen lassen, bis die Milch fast ganz aufgesogen ist. Zwiebel abziehen und fein zerkleinern, die Petersilie hacken.

3 Abgetropfte Dinkelkörner, Zwiebel, Petersilie, Mehl, Eier, Majoran, Salz und Pfeffer zum Brot geben. Alles mit den Händen zu einem Teig verkneten.

4 Reichlich Salzwasser zum Kochen bringen. Aus dem Teig 12 kleine Klöße formen, in das sprudelnd kochende Wasser legen und rasch zum Kochen bringen. Die Klöße im offenen Topf 20 bis 30 Minuten gar ziehen lassen.

5 Inzwischen für das Gemüse die Paprikaschoten vierteln,

waschen und in Streifen schneiden. Die Tomaten abziehen und würfeln.

6 Zwiebel und Knoblauch hacken und mit den Paprikaschoten im Sonnenblumenöl bei mittlerer bis starker Hitze unter Wenden bissfest schmoren. Die Tomaten untermischen und einmal kräftig aufkochen. Das Gemüse mit Salz und Pfeffer würzen.

7 Die Kräuter waschen, trockentupfen, fein zerkleinern und mit dem Schmant mischen. Mit Salz und Paprika würzen.

8 Klöße mit einem Schaumlöffel aus dem Wasser nehmen, das Gemüse daneben anrichten. Kräuterschmant dazu servieren.

Pro Portion

2424/579 kJ/kcal

17 g Eiweiß • 29 g Fett

60 g Kohlenhydrate

10 g Ballaststoffe

161 mg Cholesterin

Info Pflanzenöle haben eine positive Wirkung auf die Gesundheit. Durch den hohen Anteil von mehrfach ungesättigten Fettsäuren ist z. B. Sonnenblumenöl empfehlenswert, die Ölsäure des Olivenöls verbessert die Fließeigenschaft des Blutes.

Dinkelnudeln mit Schafskäse

1 Den Schafskäse fein zerbröckeln. Die Zwiebel und den Knoblauch schälen und fein zerkleinern. Die Rosmarinblätter abstreifen und nach Belieben etwas klein hacken.
2 Das Öl in einer großen Pfanne erhitzen. Zwiebel, Knoblauch und Rosmarin darin bei schwacher bis schwächster Hitze dünsten, bis die Nudeln gekocht sind.
3 Die Nudeln in reichlich Salzwasser bissfest kochen. Abgießen, abtropfen lassen und in der Pfanne mit dem Rosmarin mischen. Mit reichlich Pfeffer aus der Mühle würzen, mit dem Schafskäse mischen und sofort servieren.
4 Die Dinkelnudeln mit Tomaten- oder Gurkensalat und Hildegarten-Gewürzmischung (siehe Seite 42) anrichten.

Pro Portion

1964/469 kJ/kcal • 19 g Eiweiß
23 g Fett • 46 g Kohlenhydrate
9 g Ballaststoffe
23 mg Cholesterin

Für 4 Portionen

- 200 g weicher Schafskäse
- 1 rote Zwiebel
- 1 Knoblauchzehe
- 2 Zweige frischer Rosmarin
- 4 EL Olivenöl
- 300 g Dinkelnudeln
- Salz, Pfeffer aus der Mühle

■ *Zubereitungszeit:*
   20 Minuten

Paprikaspaghetti

1 Das Basilikum waschen und trockentupfen. Einige Blätter zum Garnieren beiseite legen. Den Rest mit den Kürbiskernen und den Knoblauchzehen im Mörser zerstoßen. Mit 4 Esslöffeln heißem Wasser verrühren. Das Öl langsam zugeben und mit Essig und Salz abschmecken.
2 Paprikaschoten halbieren, Trennwände und Kerne entfernen. Die Schoten mit einem Sparschäler schälen. In Streifen schneiden und im heißen Öl bei mittlerer bis starker Hitze kräftig rösten.
3 Die Spaghetti in reichlich Salzwasser bissfest kochen. Abgießen, abtropfen lassen und mit Paprikaschoten und Pesto mischen. Mit Basilikum garnieren.

Pro Portion

2861/684 kJ/kcal
21 g Eiweiß • 30 g Fett
81 g Kohlenhydrate
19 g Ballaststoffe
0 mg Cholesterin

Für 4 Portionen

- 1 Bund Basilikum
- 50 g Kürbiskerne
- 3 Knoblauchzehen
- 5 EL Kürbiskernöl
- 1 EL Balsamessig
- Salz
- 2 dicke rote Paprikaschoten
- 2 EL Öl
- 500 g Dinkelspaghetti

■ *Zubereitungszeit:*
   45 Minuten

Für 4 Portionen

- 250 g grobe Dinkelgrütze
- 1 kleine Zwiebel
- 1 EL Öl
- Salz
- 1 Tomate
- 1 EL gemischte, gehackte Kräuter
- 3 EL Sahne

- *Zubereitungszeit: 80 Minuten Arbeitszeit: 10 Minuten*

Dinkelgrütze mit Kräutern

1 Die Grütze mit ½ Liter Wasser übergießen und zugedeckt im Kühlschrank 1 Stunde quellen lassen.

2 Die Zwiebel schälen, fein hacken und im heißen Öl bei mittlerer Hitze glasig braten. Die Grütze mit dem Wasser und Salz zufügen, einmal aufkochen und zugedeckt bei schwacher Hitze 20 Minuten garen.

3 Die Tomate abziehen und in kleine Würfel schneiden. Mit Kräutern und Sahne unter die heiße Grütze mischen und noch einmal erhitzen. Zu gemischtem Salat servieren.

Pro Portion
1107/264 kJ/kcal • 7 g Eiweiß
8 g Fett • 41 g Kohlenhydrate
6 g Ballaststoffe
11 mg Cholesterin

Info Rohe Getreidegrütze muss lange quellen, damit sie gut verdaulich ist. Eingeweichte und getrocknete Thermogrütze aus dem Naturkostladen oder Reformhaus ist schneller zubereitet.

Für 4 Portionen

- 2 mittelgroße Zucchini
- 5 EL Olivenöl
- 1 TL Balsamicoessig
- 1 Knoblauchzehe
- 1 TL Kräutersalz
- 125 g Dinkelbulgur
- ½ TL edelsüßes Paprikapulver
- ½ TL Butter

- *Zubereitungszeit: 40 Minuten*

Dinkelbulgur mit Zucchinischeiben

1 Zucchini waschen und in etwa 1 Zentimeter dicke Scheiben schneiden.

2 Aus Olivenöl, Balsamicoessig, der Knoblauchzehe und ½ Teelöffel Kräutersalz eine Marinade mischen. Zucchinischeiben darin etwa 30 Minuten ziehen lassen.

3 Inzwischen Bulgur mit ⅜ Liter Wasser, ½ Teelöffel Kräutersalz, dem Paprikapulver und der Butter aufkochen. Zugedeckt 2 Minuten ziehen und 20 Minuten auf der abgeschalteten Kochstelle quellen lassen.

4 Ein Pfanne ohne Fettzugabe erhitzen. Die Zucchinischeiben darin bei starker bis mittlerer Hitze unter häufigem Wenden weich und goldgelb braten. Mit dem Bulgur servieren.

Pro Portion
1088/260 kJ/kcal • 5 g Eiweiß
17 g Fett • 22 g Kohlenhydrate
4 g Ballaststoffe
3 mg Cholesterin

Nudeln mit Kräutern

1 Die Zwiebel und den Knoblauch abziehen und fein hacken. Die Kräuter mit den Kürbiskernen und der dünn abgeschnittenen Zitronenschale ebenfalls fein hacken. Zitronensaft auspressen.

2 Das Öl erhitzen und den Zitronensaft und die gehackten Zutaten darin bei schwacher Hitze ziehen lassen, bis die Nudeln fertig sind.

3 Bandnudeln in reichlich Salzwasser bissfest garen, abgießen und abtropfen lassen. Mit der Sauce vermischen und mit Cayennepfeffer würzen.

Pro Portion

3027/723 kJ/kcal

24 g Eiweiß • 33 g Fett

83 g Kohlenhydrate

17 g Ballaststoffe

0 mg Cholesterin

Tipp Die Nudeln auf jeden Fall mit frischen Kräutern zubereiten.

Für 2–3 Portionen

- 1 kleine Zwiebel
- 2 Knoblauchzehen
- 1 Bund Petersilie
- 3 Zweige frischer Rosmarin
- 50 g Kürbiskerne
- $1/2$ unbehandelte Zitrone
- 3 EL Maiskeimöl
- 250 g Dinkelbandnudeln
- Salz, Cayennepfeffer

■ **Zubereitungszeit: 30 Minuten**

Die Nudeln mit Kräutern sind ein sehr schnell zubereitetes, aber sehr köstliches Gericht. Rosmarin und Zitronenschale geben den Bandnudeln ein interessantes Aroma.

Für 4 Portionen

- 500 g mehlig kochende Kartoffeln
- 250 g Dinkelbrot
- 1/4 l Milch
- 100 g durchwachsener Räucherspeck
- 1 große Zwiebel
- 1 Bund Petersilie
- 100 g Emmentaler
- 2 Eier
- Salz, Pfeffer aus der Mühle
- 1 Messerspitze Muskatblüte (Macis)
- etwas abgeriebene Zitronenschale
- Butterschmalz, Kokosfett oder Öl zum Braten

■ *Zubereitungszeit: 75 Minuten*

Dinkelfrikadellen mit Speck

1 Die Kartoffeln waschen und in wenig Wasser weich kochen. Abgießen, abziehen und durch die Kartoffelpresse drücken.

2 Während die Kartoffeln kochen, das Brot in dünne Scheibchen schneiden, die Milch erwärmen und übergießen. Zugedeckt ziehen lassen, bis die Brotscheiben gleichmäßig weich sind und die Milch aufgesogen haben.

3 Den Räucherspeck in kleine Würfel schneiden und in einer Pfanne bei schwacher Hitze ausbraten. Die Zwiebel schälen, fein hacken, zum Speck geben und unter Rühren mitbraten, bis sie glasig ist. Lauwarm abkühlen lassen. Die Petersilie fein zerkleinern und den Emmentaler reiben.

4 Kartoffelpüree mit Brot, Speckmischung, Eiern, Käse, Petersilie, Salz, Pfeffer, Muskatblüte und Zitronenschale vermischen, bis der Teig bindet und sich formen lässt.

5 Mit angefeuchteten Händen 12 Frikadellen formen. In einer großen Pfanne Fett oder Öl erhitzen. Die Dinkelfrikadellen darin bei mittlerer bis schwacher Hitze etwa 5 Minuten braten, bis sie sich leicht vom Pfannenboden lösen. Wenden und auf der anderen Seite weitere 5 Minuten braten.

Pro Portion

2574/615 kJ/kcal • 21 g Eiweiß
38 g Fett • 47 g Kohlenhydrate
5 g Ballaststoffe
169 mg Cholesterin

Info Kartoffeln stammen aus den Anden und wurden schon von den Ureinwohnern angebaut: Jedenfalls sollen die Inkas bei ihren Eroberungen, die sich von Bolivien über Peru bis Mittelchile erstreckten, bereits 1100 v. Chr. auf hoch entwickelte Anbaukulturen gestoßen sein. Durch die Spanier gelangte dann die Kartoffel 1565 nach Europa. Nach Deutschland kam sie erst Ende des 16. Jahrhunderts. Friedrich II, der »Alte Fritz«, erkannte ihre »Kraft« und erließ 1756 an alle Bauern den Befehl, Kartoffeln anzubauen. Doch erst nach den Hungersnöten des Siebenjährigen Krieges wurde die Kartoffel zum Grundnahrungsmittel.

Dinkelspätzle mit Käse

1 Das Dinkelmehl mit 1 kräftigen Prise Salz, Eiern und etwa 150 Milliliter kaltem Wasser zu einem zähflüssigen Teig verrühren. Falls er zu fest ist, teelöffelweise Wasser unterrühren. Zugedeckt ruhen lassen, bis die Zwiebeln und der Käse vorbereitet sind.

2 Den Käse grob raspeln oder in kleine Würfel schneiden. Die Zwiebeln abziehen, auf dem Gurkenhobel in feine Ringe hobeln und in der heißen Butter bei schwacher Hitze unter mehrmaligem Wenden weich und goldbraun braten.

3 In einem großen Topf reichlich Salzwasser zum Kochen bringen. Die Spätzle portionsweise vom Brett schaben oder durch einen Spätzlehobel in das sprudelnd kochende Wasser geben. 1 bis 2 Minuten kochen lassen, bis sie an die Oberfläche steigen.

4 Jede Portion Spätzle mit einem Schaumlöffel herausnehmen, gut abtropfen lassen und in eine vorgewärmte Schüssel geben. Mit Käse und etwas Pfeffer bestreuen und im Backofen bei 50 °C zugedeckt heiß halten. Zum Schluss die gebratenen Zwiebeln darüber verteilen.

Pro Portion

3244/774 kJ/kcal

31 g Eiweiß • 41 g Fett

70 g Kohlenhydrate

7 g Ballaststoffe

308 mg Cholesterin

Für 4 Personen

- 375 g Dinkelmehl
- Salz
- 4 Eier
- 1 EL Öl oder Butter
- 200 g Emmentaler, Bergkäse oder mittelalter Gouda
- 300 g Zwiebeln
- 75 g Butter
- Pfeffer aus der Mühle

■ *Zubereitungszeit: 30 Minuten*

Info Getreidemühlen gibt es in vielen Ausführungen. Sie unterscheiden sich in der Mahlleistung und sollten nach Ihrem persönlichen Bedarf ausgewählt werden. Wer nur hin und wieder Mehl benötigt, kauft sich am besten einen Mahlvorsatz für die Küchenmaschine. Bei häufiger Nutzung können Sie zwischen einem Steinmahlwerk, einem Stahlmahlwerk und einem Keramikmahlwerk wählen. Fachhändler beraten Sie gerne.

Tipp Ohne Käse und Zwiebeln können Sie die Spätzle zu geschmortem Weißkohl in Sahnesauce, Gulasch oder Linsengemüse servieren.

Desserts und süße Gerichte

Für einen köstlichen und gesunden Nachtisch oder für eine Süßspeise nach einer deftigen Suppe bieten sich die folgenden Rezepte an.

Bananen mit Carobsahne

1 Milch mit Vanille und Salz erhitzen. Eier trennen. Eigelbe mit Zucker in einem Kochtopf sehr schaumig schlagen. Mehl darunter mischen.

2 Die Vanillemilch unter ständigem Weiterschlagen langsam zu der Eiercreme gießen. Alles unter Rühren einmal aufkochen, bis die Masse dick ist. Den Topf in kaltes Wasser mit einigen Eiswürfeln stellen und die Creme so lange rühren, bis sie kalt ist.

3 Das Carobpulver in den Joghurt mischen. Eiweiß und Sahne getrennt steif schlagen und nacheinander unter die Creme ziehen.

4 Die Bananen schälen, in Stücke schneiden und auf Tellern verteilen. Mit dem Orangensaft beträufeln. Bananen mit der Carobcreme überziehen und das Eis in Kugeln oder Stücken darauf legen.

Pro Portion

2188/523 kJ/kcal
15 g Eiweiß • 27 g Fett
55 g Kohlenhydrate
5 g Ballaststoffe
234 mg Cholesterin

Für 4 Portionen

- 3/8 l Milch
- 1/2 TL gemahlene Vanille
- 1 Prise Salz
- 3 frische Eier
- 60 g Rohr- oder Rübenzucker
- 30 g Dinkelmehl
- 30 g Carobpulver
- 2 EL Joghurt
- 200 g Sahne
- 4 reife Bananen
- 2 EL Orangensaft
- 200 ml Vanilleeis

■ *Zubereitungszeit: 40 Minuten*

Info Carob gewinnt man aus den Schoten des Johannisbrotbaumes. Das hell- bis dunkelbraune Pulver wird gerne als Ersatz für Kakao verwendet: Es enthält viel weniger Fett als Kakao, liefert Vitamine, Mineralstoffe und etwa 7 Prozent Ballaststoffe. Durch den natürlichen Zuckergehalt von etwa 48 Prozent schmeckt Carob angenehm süß. An der Farbe des Pulvers erkennen Sie die Geschmacksnuancen: Hellbraunes Carob erinnert an Karamell, dunkleres schmeckt wie Malz und dunkelbraunes ähnlich wie Kakao.

Zwetschgenauflauf mit Quark

1 Das Brot toasten, würfeln und in eine Schüssel geben. Die Zitrone waschen, abtrocknen und die Schale abreiben. Den Saft auspressen und für den Quark beiseite stellen.

2 Milch mit Zitronenschale, Salz und der Hälfte des Zuckers erhitzen und kochend heiß über die Brotwürfel gießen und durchziehen lassen.

3 Eine hohe Auflaufform mit Butter ausstreichen. Die Zwetschgen waschen, halbieren und entsteinen.

4 Die Eier trennen. Quark mit den Eigelben, Zitronensaft und dem restlichen Zucker verrühren. Esslöffelweise das eingeweichte Brot darunter rühren.

Eiweiß steif schlagen und darunter ziehen.

5 Quarkmasse und Zwetschgen schichtweise in die Form füllen; mit Quark abschließen und Butterflöckchen darauf verteilen.

6 Auflauf in den kalten Backofen (mittlere Schiene) stellen und bei 175 °C (Umluft 150 °C, Gas Stufe 2) etwa 1 Stunde backen und mit der Pflaumensauce servieren.

Pro Portion

2384/570 kJ/kcal

29 g Eiweiß

16 g Fett

74 g Kohlenhydrate

7 g Ballaststoffe

139 mg Cholesterin

Für 4 Portionen

- 250 g Dinkeltoastbrot
- 1 unbehandelte Zitrone
- $1/4$ l Milch
- 1 Prise Salz
- 80 g Rohr- oder Rübenzucker
- 750 g Zwetschgen
- 2 Eier
- 500 g Magerquark
- 25 g Butter
- Butter für die Form

■ *Zubereitungszeit:*
105 Minuten
Arbeitszeit: 45 Minuten

Pflaumensauce

1 Die Orangen waschen. Die Schale von 1 Orange dünn abschneiden und grob hacken. Beide Orangen auspressen.

2 Trockenpflaumen zerkleinern und mit der Orangenschale, etwa $3/4$ des Orangensaftes, dem Apfelsaft, Honig, Zimt, Ingwer und der Vanille vermischen. 30 Minuten ziehen lassen.

3 Korinthen mit dem Rest des Orangensaftes mischen und etwas ziehen lassen. Alle Zutaten pürieren.

Pro Portion

1217/291 kJ/kcal • 3 g Eiweiß

1 g Fett • 64 g Kohlenhydrate

6 g Ballaststoffe

0 mg Cholesterin

Für 4 Portionen

- 2 unbehandelte Orangen
- 250 g entsteinte Trockenpflaumen
- $1/4$ l Apfelsaft
- 1 TL Honig
- $1/2$ TL Zimtpulver
- je 1 Messerspitze Ingwerpulver und gemahlene Naturvanille
- 100 g Korinthen

■ *Zubereitungszeit:*
60 Minuten
Arbeitszeit: 30 Minuten

Pfirsiche mit Zimtcreme

Für 4 Portionen

- ¹/₂ unbehandelte Zitrone
- ¹/₄ l Milch
- 2 EL Orangenlikör
- 1 Prise Salz
- 1 TL Zimtpulver
- 1 Messerspitze gemahlene Vanille
- 2 frische Eier
- 40 g Rohr- oder Rübenzucker
- 40 g Dinkelmehl
- 125 g Sahne
- 1 TL Öl
- 8 Dinkelvollkornkekse
- 4 reife Pfirsiche (etwa 700 g)
- 50 g ungesalzene Pistazienkerne

■ *Zubereitungszeit: etwa 75 Minuten*

1 Die Zitronenschale dünn abreiben und in die Milch geben. Den Zitronensaft auspressen, mit dem Orangenlikör mischen und für die Kekse beiseite stellen.

2 Die Milch mit Salz, Zimt und Vanille bis knapp unter den Siedepunkt erhitzen und heiß halten.

3 Die Eier mit dem Zucker in einem Topf mit den Quirlen des Handrührgerätes zu einer dicken Creme aufschlagen. Das Mehl darunter mischen.

4 Den Topf auf die Kochstelle setzen. Die heiße Milch unter ständigem Weiterrühren zugießen. Die Creme unter Rühren erhitzen, bis sie dick wie Pudding ist. Den Topf in eine Schüssel mit einigen Eiswürfeln stellen und die Creme unter Rühren erkalten lassen.

5 Die Sahne steif schlagen und darunter ziehen.

6 Die Kekse zerbröckeln und auf Dessertschalen verteilen. Mit der Zitronensaftmischung beträufeln. Die Pfirsiche abziehen, halbieren, entsteinen und in Stücke schneiden. Auf die Kekse legen und mit der Zimtcreme überziehen. Die Pistazien hacken und darüber streuen.

Pro Portion

2016/481 kJ/kcal

12 g Eiweiß • 26 g Fett

46 g Kohlenhydrate

5 g Ballaststoffe

150 mg Cholesterin

Info Rohrzucker stellt man aus dem Mark des schilfartigen Zuckerrohrs her. Ein Stängel enthält bis zu 20 Prozent Zucker. Rohrzucker wächst in tropischen Gebieten und wird vorwiegend aus Kuba, den Philippinen und Brasilien exportiert. Rübenzucker gewinnt man aus Zuckerrüben, die in ganz Europa angebaut werden. Die Rübe enthält 16 bis 22 Prozent Zucker. Zur Zuckergewinnung wird die Rübe in Schnitzel zerkleinert und mit heißem Wasser ausgelaugt. Das trübe Zuckerwasser nennt man Rohsaft. Damit sich Zuckerkristalle bilden, wird der Saft gereinigt und zu Sirup eingedickt. Mehrere Kristallisationsvorgänge verwandeln den Sirup in Zucker.

Joghurtflammeri mit Erdbeeren

1 Zitrone waschen und die Schale abreiben. Den Saft auspressen. Joghurt in einem Topf mit Mehl, Zucker, Salz, Vanille, der Zitronenschale und dem Saft kräftig verrühren.

2 Die Mischung unter ständigem Rühren aufkochen, bis sie dick wird. Den Flammeri in eine Schüssel geben, abkühlen lassen und häufig umrühren.

3 Sahne steif schlagen, unter den Flammeri ziehen und zugedeckt 2 Stunden kühlen.

4 Erdbeeren halbieren. Sirup mit Honig verrühren. Erdbeeren mit der Sirupmischung beträufeln. Einen Esslöffel in kaltes Wasser tauchen. Den Flammeri damit abstechen und neben den Erdbeeren anrichten.

Pro Portion

1399/334 kJ/kcal

7 g Eiweiß • 10 g Fett

51 g Kohlenhydrate

3 g Ballaststoffe

27 mg Cholesterin

Für 4 Portionen

- ½ unbehandelte Zitrone
- 300 g Magerjoghurt
- 70 g Dinkelmehl
- 75 g Rohr- oder Rübenzucker
- 1 Prise Salz
- 1 EL Vanillezucker
- 100 g Sahne
- 500 g Erdbeeren
- 1 EL ungesüßter Sanddornsirup
- 1 TL Honig

■ *Zubereitungszeit: 30 Minuten*

Je besser die Zutaten, desto köstlicher die Zimtcreme. Bei Orangenlikör, gemahlener Vanille, Dinkelmehl, süßen Pfirsichen und Pistazienkernen kann eigentlich nichts mehr schief gehen.

Pfirsichauflauf

Für 4 Portionen

- 500 g reife Pfirsiche
- 3 EL Johannisbeergelee
- 75 g Rohr- oder Rübenzucker
- 1 TL Zimtpulver
- 2 Eier
- 60 g weiche Butter oder Pflanzenmargarine
- 1 TL Vanillezucker
- 1 EL Zitronenschale
- 100 g Mehl
- 1 Messerspitze Backpulver
- $1/8$ l Milch

■ *Zubereitungszeit: 75 Minuten*

1 Die Pfirsiche abziehen, halbieren, entsteinen und mit der Höhlung nach oben in eine flache Auflaufform legen. Höhlungen mit Gelee füllen. 2 Esslöffel Zucker mit Zimt mischen und darüber streuen.
2 Die Eier trennen. Eiweiß steif schlagen. Restlichen Zucker mit dem Fett schaumig rühren. Vanillezucker, Zitronenschale und Eigelb unterrühren.
3 Zuerst Mehl mit Backpulver vermischen, dann Milch und zum Schluss den Eischnee unterrühren. Den Teig über den Pfirsichen glatt streichen.
4 Auflauf in den kalten Backofen (untere Schiene) stellen und bei 180 °C (Umluft 160 °C, Gas Stufe 2) etwa 45 Minuten backen.

Pro Portion
1786/427 kJ/kcal • 8 g Eiweiß
17 g Fett • 59 g Kohlenhydrate
4 g Ballaststoffe
150 mg Cholesterin

Tipp Den Pfirsichauflauf kurz vor dem Servieren mit Puderzucker bestäuben.

Eierkuchen mit Birnenfüllung

Für 4 Portionen

Eierkuchen:

- 100 g Dinkelmehl
- 1 Prise Salz
- $1/4$ l Milch
- 2 Eier

Füllung:

- 100 g Sahne
- 1 unbehandelte Orange
- 2 feste Birnen
- 100 g gehackte Mandeln
- 4–5 EL Ahornsirup
- Öl zum Backen

■ *Zubereitungszeit: 60 Minuten*

1 Mehl, Salz und Milch zu einem Teig verrühren, Eier darunter mischen. Den Teig zugedeckt ruhen lassen, bis die Füllung zubereitet ist.
2 Die Sahne steif schlagen. Orange waschen, abtrocknen und die Schale rundherum dünn abreiben. Saft auspressen. Birnen schälen, vierteln, vom Kerngehäuse befreien und raspeln. Mit Sahne, Orangenschale, Saft und Mandeln vermischen und zugedeckt bis zum Servieren in den Kühlschrank stellen.
3 Die Eierkuchen im Öl backen und jeweils warm halten.
4 Zum Servieren mit der Birnenmischung füllen und mit Ahornsirup beträufeln.

Pro Portion
2349/561 kJ/kcal • 14 g Eiweiß
33 g Fett • 50 g Kohlenhydrate
8 g Ballaststoffe
144 mg Cholesterin

Dinkelnudeln mit Mohn

1 Dinkelmehl, Salz, Eier, Öl und 3 Esslöffel kaltes Wasser in einer Schüssel vermischen. Alles mit den Knethaken des Handrührgerätes zu einem bröckeligen Teig verrühren. Den Teig auf der Arbeitsfläche mit den Händen durchkneten, bis er geschmeidig ist. Dabei nach Bedarf teelöffelweise kaltes Wasser unterkneten, bis der Teig so weich ist, dass man ihn gut ausrollen kann. Teig in Folie gewickelt 1 Stunde bei Zimmertemperatur ruhen lassen.

2 Den Teig in 4 Portionen teilen und auf wenig Mehl etwa 3 Millimeter dick ausrollen und 30 Minuten trocknen lassen.

3 Die Teigplatten in 2 Finger breite Streifen schneiden. Jeweils einige dieser Streifen aufeinander legen und quer in $1/2$ Zentimeter breite Streifen schneiden. Die Nudeln auf Küchentüchern locker ausbreiten und 2 Stunden trocknen lassen.

4 Die Milch, 1 Prise Salz, 1 Esslöffel Butter, 1 Esslöffel Zucker, den Mohn und die Zitronenschale in einem großen Bräter aufkochen. Die Nudeln zugeben und erneut aufkochen. Dabei ständig mit einer Backschaufel wenden. Nudeln im halb geschlossenen Bräter bei mittlerer Hitze etwa 20 Minuten garen, bis die Milch fast verkocht ist. Dabei immer wieder umrühren.

5 Die restliche Butter in Stücken zugeben und die Nudeln unter Wenden goldbraun rösten. Das Zimtpulver mit dem restlichen Zucker vermischen, die Nudeln damit bestreuen und heiß servieren. Dazu passt Apfel- oder Zwetschgenkompott.

Pro Portion

2596/620 kJ/kcal
16 g Eiweiß • 32 g Fett
67 g Kohlenhydrate
6 g Ballaststoffe
170 mg Cholesterin

Für 4 Portionen

- 250 g Dinkelmehl
- Salz
- 2 mittelgroße Eier
- 1 EL Öl
- Mehl zum Ausrollen
- $1/2$ l Milch
- 75 g Butter
- 50 g Zucker
- 2 EL gemahlener Mohn
- abgeriebene Schale von $1/4$ Zitrone
- 1 TL Zimtpulver

■ *Zubereitungszeit: 70 Minuten*

Info Die Nudeln sind ein altes Bauerngericht – deftig, nahrhaft und nicht ganz leicht zu kochen. Wichtig ist ein schwerer Bräter, der auch kräftiges Schaben mit der Backschaufel verträgt. Sparen Sie nicht mit der Butter, sonst kleben die Nudeln an.

Für 4 Portionen

- ¹/₂ l Milch
- 1 Prise Salz
- 50 g Rohr- oder Rübenzucker
- 1 TL abgeriebene Schale von 1 unbehandelten Zitrone
- 150 g Dinkelgrieß
- 300 g Kirschen
- 2 Pfirsiche
- 2 frische Eier
- 50 g Sahne
- 250 g Himbeeren
- 50 ml roter Fruchtsaft
- 50 g Vanilleeis
- 25 g ungesalzene Pistazienkerne

■ *Zubereitungszeit: 45 Minuten*

Grießnocken mit Obst

1 Die Milch mit Salz, Zucker und der Zitronenschale aufkochen. Grieß einrühren und zugedeckt bei schwächster Hitze 5 Minuten quellen lassen. Den Topf von der Kochstelle nehmen, den Grieß auskühlen lassen und dabei immer wieder kräftig mit einem Kochlöffel durchrühren.

2 Während der Grießbrei abkühlt, die Kirschen waschen, trockentupfen, halbieren und entsteinen. Die Pfirsiche schälen, halbieren, entsteinen und in kleine Stücke schneiden.

3 Die Eier trennen. Eigelbe unter den Grießbrei mischen. Eiweiß und Sahne getrennt steif schlagen und mit einem Schneebesen darunter ziehen. Die zerkleinerten Früchte mit einer Gabel locker unter den Grieß mischen. Den Obstgrieß zugedeckt in den Kühlschrank stellen und etwa 5 Stunden kühlen.

4 Für die Sauce die Himbeeren verlesen. Mit Saft und Eis pürieren. Pistazien auf ein Holzbrett geben und grob hacken.

5 Zum Servieren einen Esslöffel in warmes Wasser tauchen, den Obstgrieß damit in Nocken abstechen und auf Tellern verteilen. Himbeersauce um die Nocken gießen und die Pistazien über die Grießnocken streuen.

Pro Portion

2012/480 kJ/kcal • 16 g Eiweiß
17 g Fett • 63 g Kohlenhydrate
9 g Ballaststoffe
152 mg Cholesterin

Info Der Begriff »Nocken« oder »Nockerln« kommt aus Österreich und bedeutet »Hügel«. Die Spezialität »Salzburger Nockerln« wird allerdings im Ofen zubereitet.

Tipp Eiscreme lässt sich mit wenigen Zutaten selbst zubereiten. 4 Eigelbe mit 100 Gramm Zucker schaumig schlagen und in einem Topf bei schwacher Hitze erwärmen. Immer rühren, langsam ¹/₄ Liter Milch und 250 Gramm Sahne dazugeben. Weiterrühren, bis alles aufgelöst ist. Die Creme vollständig abkühlen lassen und im Tiefkühlfach frosten.

Aprikosenschmarren

1 Das Dinkelmehl mit der kochend heißen Milch übergießen und zugedeckt quellen lassen.

2 Inzwischen die Aprikosen abziehen, halbieren, entsteinen und in Stücke schneiden.

3 Das Mehl mit Salz, Zitronenschale und Eiern verrühren. Mit den Aprikosen mischen.

4 Das Butterschmalz in einer großen Pfanne erhitzen. Den Teig zugedeckt darin bei schwacher Hitze etwa 10 Minuten backen, bis er an der Unterseite fest ist. Mit einer Gabel in Stücke teilen. Die Stücke bei mittlerer Hitze unter häufigem Wenden goldbraun backen.

5 Die Pistazien grob hacken. Mit Zucker und Zimt über den Schmarren streuen.

Pro Portion

3818/911 kJ/kcal • 28 g Eiweiß
40 g Fett • 109 g Kohlenhydrate
13 g Ballaststoffe
286 mg Cholesterin

Für 2 Portionen

- 200 g Dinkelmehl
- 300 ml Milch
- 300 g reife Aprikosen
- 1 Prise Salz
- abgeriebene Schale von 1/2 unbehandelten Zitrone
- 2 Eier
- 30 g Butterschmalz
- 40 g ungesalzene Pistazien- oder Sonnenblumenkerne
- 50 g Rohr- oder Rübenzucker
- 1/2 TL Zimtpulver

■ **Zubereitungszeit: 50 Minuten**

Aprikosen und Pfirsiche zieht man genauso ab wie Tomaten: Mit kochendem Wasser überbrühen, kurz ziehen lassen und kalt abschrecken. Bei sehr reifen Früchten löst sich die Haut auch ohne Überbrühen.

Der Aprikosenschmarren schmeckt am besten mit frischen, reifen Früchten. Je nach Geschmack können auch Pfirsiche, Erdbeeren oder Himbeeren verwendet werden.

Für 4 Portionen

- 100 g Dinkelbulgur
- Salz
- 2 Eier
- 250 g Quark (20%)
- ½ unbehandelte Zitrone
- 1 Päckchen Vanillezucker
- 3 EL Rohrzucker
- 3 EL Milch
- 4 kleine Äpfel
- 50 g Rosinen
- 50 g gehackte Mandeln
- 1 TL Zimt
- Butterflocken

■ *Zubereitungszeit:*
80 Minuten
Arbeitszeit: 20 Minuten

Apfelauflauf

1 Den Bulgur mit 300 Milliliter Wasser und 1 Prise Salz einmal aufkochen und zugedeckt bei schwacher Hitze 2 Minuten garen. Auf der abgeschalteten Kochstelle 15 bis 20 Minuten ausquellen lassen.

2 Für den Teig die Eier trennen. Die Eigelbe mit Quark, Zitronensaft und abgeriebener Zitronenschale, Vanillezucker, 2 Esslöffel Rohrzucker und der Milch cremig rühren. Zuerst esslöffelweise den Bulgur, dann den steif geschlagenen Eischnee unterheben.

3 Die Hälfte der Masse in eine gefettete Auflaufform füllen. Äpfel waschen, in Spalten schneiden und auf dem Teig verteilen. Mit Rosinen, gehackten Mandeln, Zimt und 1 Esslöffel Rohrzucker bestreuen. Den Rest der Quark-Bulgur-Masse darüber geben, Butterflöckchen darauf setzen.

4 Den Auflauf in den kalten Backofen (mittlere Schiene) stellen und bei 190 °C (Umluft 170 °C, Gas Stufe 2) 45 bis 60 Minuten backen.

Pro Portion

1878/449 kJ/kcal
17 g Eiweiß • 19 g Fett
51 g Kohlenhydrate
6 g Ballaststoffe
133 mg Cholesterin

Info Äpfel zählen zu den natürlichen Gesundmachern – im Mittelalter wie heute. Ihre Inhaltsstoffe nehmen direkten Einfluss auf unseren Stoffwechsel und können gezielt zur Prophylaxe und Diättherapie eingesetzt werden. So können Pektine Gallensäuren binden, so dass die Leber wieder mit der Produktion von Gallensäure aus Nahrungscholesterin beginnt. Deshalb senken 2 bis 3 Äpfel pro Tag den Cholesterinspiegel. Die Gerbstoffe des Apfels wirken darüber hinaus entzündungshemmend. Die Ballaststoffe in der Schale sorgen für eine gute Verdauung. Zudem sind Äpfel reich an Vitaminen und Mineralstoffen. Der Fruchtzucker ist im Körper leicht löslich und wirkt regulierend auf den Blutzuckerspiegel. Ein Apfel ist deshalb die ideale Zwischenmahlzeit mit wenig Kalorien.

Gebäck – süß und herzhaft

Dinkel lässt den Teig sehr locker werden; daher ist Dinkelgebäck besonders gut bekömmlich und verdaulich. Und der leicht nussige Geschmack verleiht dem Backwerk noch eine besondere Note. Plätzchen sollten nicht nur zur Weihnachtszeit gebacken werden. Der aromatische Duft verzaubert die Küche schon während des Backens und lässt den Genuss bereits erahnen. Die Plätzchen halten sich, gut verschlossen in einer Keksdose, bis zu drei Monaten. Frisch schmecken sie allerdings am besten. Dinkelteig eignet sich auch hervorragend für die Herstellung von Brot und Brötchen.

Apfelkuchen mit Erdnüssen

1 Für den Teig Mehl, Hefe, Zucker, Salz, abgeriebene Zitronenschale, flüssige Butter und lauwarme Milch vermischen und mit den Knethaken des Handrührgerätes etwa 5 Minuten rühren, bis der Teig Blasen wirft. Zugedeckt ruhen lassen, bis sich das Volumen des Teiges verdoppelt hat.
2 Den Teig mit gehackten Nüssen vermischen und auf ein gefettetes Backblech streichen.
3 Äpfel achteln, schälen, vom Kerngehäuse befreien und auf den Kuchenteig legen. Mit dem Saft $1/2$ Zitrone und 3 Esslöffeln Saft vom Preiselbeerkompott beträufeln. Abgetropfte Preiselbeeren, Zucker, gehackte Nüsse und Rosinen darüber verteilen.
4 Den Kuchen in den kalten Backofen (mittlere Schiene) schieben und bei 180 °C (Umluft 160 °C, Gas Stufe 2) etwa 45 Minuten backen.

Pro Portion
1964/470 kJ/kcal • 10 g Eiweiß
18 g Fett • 64 g Kohlenhydrate
4 g Ballaststoffe
25 mg Cholesterin

Info Kompott ohne weißen Zucker bekommen Sie in Naturkostläden und Reformhäusern.

Für 12 Stücke

Teig:
- 500 g Dinkelmehl
- 1 Päckchen Trockenhefe
- 30 g Rohr- oder Rübenzucker
- 1 Prise Salz
- $1/2$ unbehandelte Zitrone
- 100 g Butter
- $1/2$ l Milch
- 100 g Erdnusskerne

Belag:
- 1,5 kg säuerliche Äpfel (Cox Orange oder Glockenapfel)
- 1 Glas ungesüßtes Preiselbeerkompott
- 70 g Rohr- oder Rübenzucker
- 100 g Erdnusskerne
- 50 g Rosinen

■ *Zubereitungszeit:*
120 Minuten
Arbeitszeit: 30 Minuten

Für 12 Stücke

Teig:

- 125 g Dinkelmehl
- 75 g Walnusskerne
- 50 g Rohr- oder Rübenzucker
- 1 Prise Salz
- 1 Ei
- 100 g Butter

Belag:

- 750 g Zwetschgen
- 1 EL Honig
- 2 EL Zitronensaft
- 2 Eiweiß
- 80 g Rohr- oder Rübenzucker
- 75 g Walnusskerne

■ **Zubereitungszeit:**
120 Minuten
Arbeitszeit: 50 Minuten

Zwetschgentorte mit Nussbaiser

1 Aus dem Mehl, den gemahlenen Nüssen, Zucker, Salz, Ei und Butter einen Mürbeteig kneten.

2 Eine Springform von 26 Zentimeter Durchmesser damit auskleiden und einen etwa 4 Zentimeter hohen Rand formen. Teig kühl stellen.

3 Den Teigboden in den kalten Backofen (mittlere Schiene) stellen und bei 200 °C (Umluft 180 °C, Gas Stufe 3) 15 Minuten vorbacken.

4 Die Zwetschgen waschen, halbieren und entsteinen. Auf dem Tortenboden verteilen. Honig mit Zitronensaft verrühren und die Zwetschgen damit bestreichen. Die Torte weitere 30 Minuten backen.

5 Eiweiß mit 1 Esslöffel Zucker steif schlagen. Den restlichen Zucker und die fein gemahlenen Nüsse nach und nach unterschlagen. Nussbaiser auf den Zwetschgen verstreichen.

6 Die Torte nochmals 5 Minuten bei 225 °C (Umluft 200 °C, Gas Stufe 4) backen, bis das Baiser goldgelb ist.

Pro Portion

1128/269 kJ/kcal

4 g Eiweiß • 16 g Fett

27 g Kohlenhydrate

2 g Ballaststoffe

39 mg Cholesterin

Info Der hohe Verzehr von Nüssen, Getreidekörnern und Hülsenfrüchten wurde bis vor einigen Jahren mit Vorsicht empfohlen. Verschiedene sekundäre Pflanzenstoffe wie die Phytinsäure hemmen die Ausnutzung von Eiweiß und Mineralstoffen. In den letzten Jahren ist auf dem Gebiet dieser Biostoffe jedoch enorm geforscht worden. Neue Untersuchungen zeigen, dass diese Stoffe durchaus enorme gesundheitliche Bedeutung haben. So stehen sie in der Diskussion, Schutz vor Krebs zu bieten und die Bildung freier Radikale, so genannter Zellgifte, zu verhindern. Zudem sind auch alle Gemüse- und Obstsorten reich an sekundären Pflanzenstoffen. Darüber hinaus enthalten Walnüsse viel Eisen und Kalzium. Bei Hildegard werden sie als ein Lebensmittel bezeichnet, das die Knochen und das Nervensystem stärkt.

Kürbistorte

1 Mehl, Zucker, Zitronenschale, Salz, 6 Esslöffel Wasser und Fett zu einem glatten Teig verkneten. Falls der Teig bröckelig ist, noch teelöffelweise Wasser unterkneten. Eine Springform von 26 Zentimeter Durchmesser mit dem Teig auskleiden, dabei einen etwa 3 Zentimeter hohen Rand formen. Den Teigboden mit einer Gabel mehrmals einstechen und kalt stellen, bis der Belag zubereitet ist.

2 Kürbis schälen, Kerne mit den watteartigen Fasern entfernen. Kürbis in Stücke schneiden. Zitrone waschen, abtrocknen, Schale abreiben und mit dem ausgepressten Zitronensaft und ¼ Liter Apfelsaft zum Kürbis geben. Ingwer, Zimt und Melasse zugeben. Alles aufkochen und zugedeckt bei schwacher Hitze 25 Minuten kochen, bis der Kürbis ganz weich ist.

Mit einem Kochlöffel zu einem Mus rühren.

3 Speisestärke mit dem restlichen Apfelsaft glatt rühren, unter das Kürbismus mischen und unter Rühren aufkochen, bis das Mus dick wird. Abkühlen lassen, Sahne steif schlagen und unterziehen.

4 Teigboden in den kalten Backofen (untere Schiene) stellen und bei 200 °C (Umluft 180 °C, Gas Stufe 4) 20 Minuten vorbacken.

5 Das Kürbismus darauf verteilen, Torte wieder in den Backofen (untere Schiene) schieben und bei 180 °C (Umluft 160 °C, Gas Stufe 2) in 50 bis 60 Minuten fertig backen.

Pro Portion

638/152 kJ/kcal • 2 g Eiweiß
8 g Fett • 18 g Kohlenhydrate
2 g Ballaststoffe
22 mg Cholesterin

Für 16 Stücke

Teig:

- 200 g Dinkelvollkornmehl
- 50 g Rohr- oder Rübenzucker
- abgeriebene Schale von ½ unbehandelten Zitrone
- 1 Prise Salz
- 100 g weiche Butter oder Pflanzenmargarine

Füllung:

- 1 kg gelber Riesenkürbis mit Kernen
- 1 unbehandelte Zitrone
- ⅜ l Apfelsaft
- je 1 TL Ingwerpulver und Zimtpulver
- 2 EL Melasse oder Apfelkraut
- 1 gestrichener EL Speisestärke
- 100 g Sahne

■ **Zubereitungszeit: 120 Minuten Arbeitszeit: 40 Minuten**

Info Der Riesenkürbis kann bis 100 Kilogramm schwer werden. Seine Vitamine und Mineralstoffe befinden sich im zartfaserigen gelben Fruchtfleisch. Er enthält vor allem Beta-Karotin und hat nur wenig Kalorien. Die Kürbiskerne werden in der Naturmedizin verwendet. 2 bis 3 Teelöffel Kürbiskerne pro Tag helfen bei der Harnentleerung und können Prostataleiden vorbeugen.

Für 16 Stücke

- 200 g Dinkelmehl
- 20 g Hefe
- 150 g Rohr- oder Rübenzucker
- 150 ml lauwarme Milch
- 50 g Pflanzenmargarine
- abgeriebene Schale von 1/4 unbehandelten Zitrone
- 1 Prise Salz
- Mehl für die Arbeitsfläche
- Fett für die Form
- 50 g Heidelbeeren

■ *Zubereitungszeit: 130 Minuten Arbeitszeit: 40 Minuten*

Heidelbeerkuchen

1 Das Mehl in eine Schüssel geben und eine Mulde hineindrücken. Zerbröckelte Hefe mit 1 Teelöffel Zucker, 3 Esslöffel Milch und etwas Mehl vom Rand in der Mulde verrühren, bis sie sich aufgelöst hat. Den Vorteig zugedeckt bei Zimmertemperatur 15 Minuten gehen lassen.

2 Die restliche Milch mit dem Fett leicht erwärmen, bis das Fett geschmolzen ist. Den Vorteig mit dem gesamten Mehl verrühren. Milchmischung, 2 Esslöffel Zucker, Zitronenschale und Salz zugeben.

3 Teig mit den Knethaken des Handrührgerätes etwa 5 Minuten durchrühren, bis er sich vom Schüsselrand löst. Zuge-

deckt etwa 1 Stunde gehen lassen, bis sich das Volumen des Teiges etwa verdoppelt hat.

4 Teig auf Mehl durchkneten und eine gefettete Backform von 28 Zentimeter Durchmesser damit auslegen. Heidelbeeren darauf verteilen und mit dem restlichen Zucker bestreuen.

5 Den Kuchen in den kalten Backofen (mittlere Schiene) schieben und bei 190 °C (Umluft 170 °C, Gas Stufe 2–3) etwa 50 Minuten backen.

Pro Portion

506/121 kJ/kcal • 2 g Eiweiß
4 g Fett • 20 g Kohlenhydrate
1 g Ballaststoffe
1 mg Cholesterin

Info Heidelbeeren muss man sehr vorsichtig waschen, damit sie nicht matschig werden: Eine große Schüssel mit kaltem Wasser füllen, nicht zu viele Beeren auf einmal hineingeben und leicht schwenken. Mit einem Sieb herausnehmen und abtropfen lassen.

Tipp Hefeteig ist schnell herzustellen; man sollte dem Teig jedoch mehrere Ruhepausen gönnen, damit er sich richtig ausdehnen kann. Wichtig ist, dass alle Zutaten annähernd die gleiche Temperatur besitzen und der Teig gut durchgeknetet wird. Das erste Kneten kann mit dem Handrührgerät erfolgen, dann sollte der Teig so lange mit den Händen gewalkt werden, bis sich kleine Bläschen bilden. Gehen lassen und wieder kneten.

Orangentorte

1 Für den Teig die weiche Butter, Zucker und Salz mit den Quirlen des Handrührgerätes schaumig rühren. Die Eier nacheinander darunter rühren.

2 Mehl, Nüsse, Carob, Vanille, Ingwer und das Backpulver miteinander vermischen und in 2 oder 3 Portionen unter die Teigmasse rühren. So viel Milch darunter mischen, dass sich alle Zutaten zu einem cremigen Teig verbinden, der in langen Zapfen von den Quirlen fällt.

3 Eine Kastenform von 30 Zentimeter Länge mit Butter fetten. Den Teig darin glatt streichen, in den kalten Backofen (unterste Schiene) stellen und bei 175 °C (Umluft 150 °C, Gas Stufe 2) etwa 1 Stunde backen.

4 Den fertigen Kuchen herausnehmen, 10 Minuten in der Form stehen lassen und zum Auskühlen auf ein Kuchengitter stürzen.

5 Inzwischen die Füllung zubereiten: Das Trockenobst fein zerkleinern, Orange und Zitrone waschen und die Schale der Früchte rundherum abreiben. Den Saft von beiden Zitrusfrüchten auspressen. Schale

und Saft mit dem Trockenobst vermischen und 30 Minuten ziehen lassen.

6 Den abgetropften Tofu mit etwa $1/3$ der eingeweichten Trockenfrüchte, Quark und Honig pürieren. Sahne steif schlagen und darunter ziehen. Orangen schälen und in Stücke schneiden.

7 Den Kuchen waagerecht zweimal durchschneiden. Den ersten Boden etwa fingerdick mit Tofucreme bestreichen, mit einem Teil der Trockenfrüchte und den Orangenstücken belegen. Den Kuchen auf diese Weise füllen; dabei von der Creme und dem frischen Obst jeweils etwa $1/3$ zum Garnieren übrig behalten.

8 Kuchen rundherum mit dem Rest der Creme bestreichen und mit den restlichen Orangenstücken verzieren. Vor dem Servieren etwa 1 Stunde durchziehen lassen.

Pro Portion

1461/349 kJ/kcal • 8 g Eiweiß
21 g Fett • 31 g Kohlenhydrate
5 g Ballaststoffe
76 mg Cholesterin

Für 10–12 Stücke

Teig:

- 80 g Butter
- 50 g Rohr- oder Rübenzucker
- 1 Prise Salz
- 2 Eier
- 150 g Dinkelmehl
- 100 g gemahlene Haselnusskerne
- 50 g Carobpulver
- 1 TL gemahlene Vanille
- $1/2$ TL Ingwerpulver
- 1 TL Backpulver
- etwa 2 EL Milch
- Fett für das Blech

Creme:

- 150 g gemischtes Trockenobst
- 2 große unbehandelte Orangen
- 1 Zitrone
- 250 g Tofu
- 100 g Magerjoghurt
- 1 EL Honig
- 250 g Sahne
- 3 Orangen

■ *Zubereitungszeit: 140 Minuten*

Die Torte ist ein Dessert wie die italienische Zuppa romana und so saftig, dass man sie nur in dicke Stücke schneiden kann.

*Herzhaft und knackig
zugleich – Kekse
mit Cashewnusskernen.*

Für 40 Stücke

- 100 g Edelbitterschokolade
- 100 g Cashewnusskerne
- 200 g Dinkelvollkornmehl
- 1 gestrichener TL Backpulver
- 100 g weiche Butter oder Pflanzenmargarine
- 50 g Rohrohrzucker (körnige Melasse)
- 1 Prise Salz
- 1/4 TL Vanillepulver
- 1 Ei
- Fett und Mehl für das Blech
- 200 g weiße oder dunkle Kuvertüre

■ *Zubereitungszeit:
45 Minuten
Arbeitszeit: 25 Minuten*

Cashewkekse

1 Die Schokolade und Nüsse fein hacken. Mit dem Mehl und dem Backpulver mischen.

2 Fett, Zucker, Salz und Vanille mit den Quirlen des Handrührers schaumig rühren. Das Ei unterrühren, die Dinkelmischung mit einem Löffel unterheben.

3 Mit einem Teelöffel kleine Teighäufchen auf gefettete, mit Mehl bestreute Backbleche setzen. Zwischen den Keksen etwas Abstand lassen.

4 Das Blech in den kalten Backofen (mittlere Schiene) schieben und die Kekse bei 180 °C (Umluft 160 °C, Gas Stufe 2) etwa 20 bis 25 Minuten backen.

5 Die Kuvertüre schmelzen und die kalten Kekse mit einem Klecks davon verzieren.

Pro Portion

377/90 kJ/kcal ● 2 g Eiweiß
5 g Fett ● 10 g Kohlenhydrate
1 g Ballaststoffe
12 mg Cholesterin

Pfefferkuchen

Für 20 Stücke
- 100 g Butter oder Pflanzenmargarine
- 3 Eier
- 200 g Rohr- oder Rübenzucker
- 150 g Dinkelvollkornmehl
- 2 TL Backpulver
- 30 gehackte Mandeln
- 2 EL Mandellikör
- 1 EL abgeriebene Orangenschale
- 2 gestrichene TL Zimtpulver
- 1 Päckchen Lebkuchengewürz
- 100 ml Milch
- Fett und Semmelbrösel
  für die Form

■ *Zubereitungszeit:*
70 Minuten
Arbeitszeit: 20 Minuten

1 Das Fett schmelzen, aber nicht bräunen. Eier und Zucker mit den Quirlen des Handrührgerätes schaumig schlagen. Mehl und Backpulver gemischt hinzufügen. Weiterrühren, bis eine cremige Masse entstanden ist.

2 Die Mandeln, Likör, Orangenmarmelade, Lebkuchengewürz und Milch hinzufügen und zuletzt das flüssige Fett unterrühren. Den Teig in eine gefettete, mit Semmelbröseln ausgestreute rechteckige Gratinform füllen.

3 Den Kuchen in den kalten Backofen (mittlere Schiene) stellen und bei 180 °C (Umluft 160 °C, Gas Stufe 2–3) etwa 50 Minuten backen.

4 Die Garprobe mit einem Holzstäbchen machen. Den garen Pfefferkuchen etwa 15 Minuten in der Form auskühlen lassen, in Stücke schneiden, herauslösen und auf einem Kuchengitter erkalten lassen.

Pro Portion

589/141 kJ/kcal

2 g Eiweiß • 7 g Fett

17 g Kohlenhydrate

1 g Ballaststoffe

46 mg Cholesterin

Info Im Naturkosthandel und Reformhaus bekommen Sie unraffinierten Zucker aus dem getrockneten und gemahlenen Saft von Zuckerrüben oder Zucker. Anders als weißer Zucker enthalten beide Produkte kleine Mengen von Mineralstoffen und Vitaminen. Sie schmecken aromatischer als weißer Haushaltszucker und lassen sich genauso leicht verarbeiten. Pfefferkuchen wurde im Mittelalter als Heilmittel eingesetzt. Eine Variante sind Lebkuchen. Die Mönche machten sich die Oblaten, die bis dahin nur für das Messopfer eingesetzt wurden, bei der Herstellung von Lebkuchen zunutze. Damit der Teig nicht am Blech kleben blieb, wurden Oblaten unterlegt. So kennt man die Lebkuchen noch heute.

Tipp Zur Verfeinerung des Geschmacks können Sie 100 Gramm Zucker durch 4 Esslöffel Honig austauschen.

Für 15 Stücke

- 500 g Dinkelvollkornmehl
- 1 Päckchen Trockenhefe
- 1 Prise Salz
- 100 g Vollrohrzucker
- 1 unbehandelte Orange
- 2 Eier
- 1 Eigelb
- 100 g Butter oder Margarine
- 250 g Dickmilch
- Mehl zum Formen
- Fett für das Blech
- 2–3 EL Schmant
- 50 g Hagelzucker

■ *Zubereitungszeit:*
120 Minuten
Arbeitszeit: 60 Minuten

Für 18–24 Stücke

- 600 g Möhren
- 7 Eier
- 200 g Zucker
- 1 unbehandelte Zitrone
- 2 Päckchen Vanillezucker
- 1 Prise Salz
- 400 g gemahlene Mandeln
- 100 g Dinkelmehl
- 1 Päckchen Backpulver
- 2 TL Zimt
- $^1/_2$ TL Nelkenpulver
- 125 g Aprikosenkonfitüre
- 250 g Sahne

■ *Zubereitungszeit:*
50 Minuten

Dinkel-Orangen-Brötchen

1 Mehl, Trockenhefe, Salz, Zucker und die abgeriebene Schale der Orange mischen. Den Orangensaft auspressen. Eier, Eigelb, weiches Fett und lauwarme Dickmilch zugeben. Alles mit dem Handrührer etwa 5 Minuten rühren, bis sich der Teig vom Schüsselrand löst.

2 Den Teig zugedeckt bei Zimmertemperatur etwa 1 Stunde gehen lassen.

3 Den Teig noch einmal durchkneten, zu 15 Kugeln formen, auf ein gefettetes Backblech legen und kreuzweise einschneiden. Mit Schmant bestreichen, mit Hagelzucker bestreuen und zugedeckt 30 Minuten gehen lassen. Den Backofen auf 200 °C (Umluft 180 °C, Gas Stufe 3) vorheizen. Die Brötchen in 15 bis 20 Minuten goldbraun backen.

Pro Portion

1109/265 kJ/kcal • 5 g Eiweiß
11 g Fett • 36 g Kohlenhydrate
2 g Ballaststoffe
73 mg Cholesterin

Rüblischnitten

1 Die Möhren schälen und fein reiben. Die Eier trennen. Eigelbe mit Zucker, der abgeriebenen Zitronenschale, Zitronensaft, Vanillezucker und Salz schaumig rühren. Mandeln, Mehl, Backpulver, Zimt und Nelkenpulver zugeben. Die Möhren unterheben. Eiweiß steif schlagen und locker unterziehen.

2 Teig auf einem gefetteten Backblech glatt streichen. In den kalten Backofen (mittlere Schiene) schieben und bei 200 °C (Umluft 180 °C, Gas Stufe 3) etwa 30 Minuten backen. Abkühlen lassen.

3 Inzwischen die Konfitüre erwärmen und durch ein Sieb geben. Den kalten Kuchen damit bestreichen und in Stücke schneiden. Die Sahne steif schlagen und die Schnitten damit garnieren.

Pro Portion

961/229 kJ/kcal • 6 g Eiweiß
15 g Fett • 18 g Kohlenhydrate
3 g Ballaststoffe
75 mg Cholesterin

Apfeltaschen

1 Das Öl mit Butter oder Margarine in einem Topf erwärmen, bis das Fett geschmolzen ist. Mit 6 Esslöffeln lauwarmem Wasser und Zucker verrühren und unter Rühren zum Mehl geben. Sobald sich alles miteinander verbunden hat, den Teig auf der Arbeitsfläche kurz kneten, bis er ganz glatt ist. Zugedeckt bei Zimmertemperatur ruhen lassen, bis die Äpfel vorbereitet sind.

2 Die Äpfel vierteln, schälen, vom Kerngehäuse befreien und in kleine Stücke schneiden. Mit Zitronensaft, Zucker, Korinthen, Zimt und Muskat vermischen.

3 Den Teig in 6 Portionen teilen. Jede Portion zu einem Quadrat ausrollen und halbieren, so dass 2 Dreiecke entstehen. Die Dreiecke mit den Äpfeln belegen und zusammenklappen. Apfeltaschen auf 2 gefettete Backbleche legen und mit der Sahne bestreichen.

4 Das erste Backblech in den kalten Backofen (mittlere Schiene) schieben und die Apfeltaschen bei 180° C (Umluft 160° C, Gas Stufe 2–3) in etwa 35 Minuten goldbraun backen; die Apfeltaschen auf dem zweiten Blech brauchen etwa 30 Minuten.

5 Herausnehmen, auf dem Blech 5 Minuten ruhen lassen und zum Abkühlen auf ein Kuchengitter geben. Vor dem Servieren etwa 6 Stunden ruhen lassen.

Pro Portion

878/210 kJ/kcal • 3 g Eiweiß
12 g Fett • 22 g Kohlenhydrate
2 g Ballaststoffe
17 mg Cholesterin

Für 12 Stücke

Teig:
- 6 EL Öl
- 60 g Butter oder Pflanzenmargarine
- 1 EL Rohr- oder Rübenzucker
- 250 g Dinkelvollkornmehl

Füllung:
- 2 mittelgroße säuerliche Äpfel
- 1 EL Zitronensaft
- 3 EL Rohr- oder Rübenzucker
- 2 EL Korinthen
- 1/2 TL Zimtpulver
- 1 Messerspitze geriebene Muskatnuss
- Fett für das Blech
- 2 EL Sahne

■ *Zubereitungszeit:*
110 Minuten
Arbeitszeit: 50 Minuten

Info Quark-Öl-Teig können Sie auch ohne Zucker zubereiten. Dann eignet er sich als Teighülle für geschmortes Gemüse oder für eine herzhafte Quark-Käse-Mischung.

Variante Eine pikante Füllung ist eine Tofu-Käse-Creme. Sie benötigen 200 Gramm Tofu, 1 Esslöffel Walnussöl, 1 Teelöffel Hildegard-Kräuter, 1 Teelöffel Paprikapulver und 150 Gramm Gorgonzolakäse. Alles vermischen und die Creme portionsweise in die Mitte des Teigdreiecks füllen und zusammenklappen.

- 1 Ei
- 200 g Cashewnusskerne
- 150 g Dinkelvollkornmehl
- 1/2 TL Vanillepulver
- 75 g weiche Butter oder Pflanzenmargarine
- 125 g Rohr- oder Rübenzucker
- 150 g Halbbitterkuvertüre
- Mehl für die Arbeitsfläche
- Fett für die Bleche

■ *Zubereitungszeit:*
160 Minuten
Arbeitszeit: 60 Minuten

Makronentaler

1 Das Ei trennen. Nüsse fein mahlen. 150 Gramm davon mit Mehl, Vanille, Fett, 50 Gramm Zucker und dem Eigelb zu einem Mürbeteig verkneten. Teig in Pergamentpapier gewickelt 1 Stunde kühlen.

2 Etwa 50 Gramm Kuvertüre fein hacken. Den restlichen Zucker in der gut ausgewischten elektrischen Kaffeemühle staubfein mahlen. Eiweiß halb steif schlagen, Zucker zugeben und weiterschlagen, bis die Masse dick und cremig ist. Die restlichen Nüsse und die gehackte Kuvertüre unterrühren und die Masse in einen Spritzbeutel mit mittelgroßer glatter Tülle füllen.

3 Teig auf wenig Mehl messerrückendick ausrollen und runde, etwa 5 Zentimeter große Kekse ausstechen. Auf 2 gefettete Backbleche legen. Nussmasse als Rosetten auf die Taler spritzen.

4 Das erste Blech in den kalten Backofen (mittlere Schiene) schieben und die Makronentaler bei 180 °C (Umluft 160 °C, Gas Stufe 2) etwa 25 Minuten backen. Die Taler auf dem zweiten Blech brauchen etwa 15 Minuten.

5 Restliche Kuvertüre schmelzen und die abgekühlten Taler damit verzieren.

Pro Portion

505/121 kJ/kcal
3 g Eiweiß • 6 g Fett
13 g Kohlenhydrate
1 g Ballaststoffe
15 mg Cholesterin

Info Für die Schokoladengewinnung wird die Schote geröstet und die Frucht von der Bohne getrennt. Dann werden die Kakaobohnen zerquetscht, mit Kakaobutter gemischt und Zucker zugegeben. Ihre weiche Konsistenz erhält die Kuvertüre durch 2 bis 3 Tage langes Rühren. Gute Kuvertüre ist abhängig von dem Geschmack der Kakaobohne und der Sorgfalt bei der Herstellung. Die ersten Kakaobäume wurden von den Majas angebaut. Im 15. Jahrhundert kam der Kakao nach Spanien und erst im 17. Jahrhundert nach Frankreich. Dort ist Bordeaux heute noch traditioneller Sitz der Kakaoexperten.

Das Dinkelmehl gibt den Rheinischen Muzen ein leicht nussiges und etwas kräftigeres Aroma als Weizenmehl. Sie sind aber nicht nur zur Karnevalszeit sehr beliebt.

Rheinische Muzen

1 Schmalz zerlassen und etwas abkühlen lassen. Zucker, Vanillezucker, abgeriebene Zitronenschale, Salz, Ei und Rum untermischen. Mehl in eine Schüssel geben, eine Mulde hineindrücken und die Schmalzmischung hineingießen. Vermischen und so viel Milch zugeben, dass ein fester Teig entsteht.

2 Teig auf einer bemehlten Arbeitsfläche 3 Millimeter dick ausrollen. 7 Zentimeter lange Rhomben ausschneiden.

3 Die Rhomben im heißen Butterschmalz portionsweise pro Seite 1 bis 2 Minuten goldbraun ausbacken. Mit einer Schaumkelle herausnehmen, auf Küchenpapier abtropfen und erkalten lassen. Mit Puderzucker bestreut servieren.

Pro Stück
180/43 kJ/kcal • 1 g Eiweiß
2 g Fett • 6 g Kohlenhydrate
0 g Ballaststoffe
11 mg Cholesterin

Für 45 Stücke

- 50 g Butterschmalz
- 40 g Zucker
- 1 TL Vanillezucker
- 1 unbehandelte Zitrone
- 1 Prise Salz
- 1 Ei
- 2 EL Rum oder Cognac
- 250 g Dinkelmehl
- 2–3 EL Milch
- 750 g Butterschmalz zum Frittieren
- Puderzucker zum Bestreuen

■ *Zubereitungszeit: 40 Minuten*

Für 2 Brote à 20 Scheiben

- 1 kg Dinkelvollkornmehl
- 250 g Dinkelschrot
- 250 g Dinkelflocken
- 3 Päckchen frische Hefe (120 g)
- 1 TL Zucker
- 500 g Buttermilch
- 30 g Butter oder Pflanzenmargarine
- 1 Ei
- 1 EL Salz
- 1 EL gemahlener Kümmel
- 1 EL gemahlener Koriander
- Fett für die Bleche

■ *Ruhezeit: 110 Minuten*
Zubereitungszeit:
220 Minuten
Arbeitszeit: 30 Minuten

Dinkelbrot

1 Mehl, Schrot und Flocken (2 Esslöffel übrig lassen) mischen. Die Hefe zerbröckeln, mit dem Zucker, etwa 125 Gramm angewärmter Buttermilch und etwas Mehl in einem kleinen Gefäß vermischen und 10 Minuten an einem warmen Platz ruhen lassen.

2 Diesen Hefevorteig mit der restlichen warmen Buttermilch zur Mehlmischung geben. Weiches Fett, Ei und Gewürze zugeben. Alles mit den Knethaken des Handrührgerätes vermischen und mit den Händen kneten, bis der Teig Blasen bildet und nicht mehr klebt. Falls der Teig zu fest ist, noch etwas lauwarmes Wasser unterkneten. Den Brotteig zugedeckt etwa 1¼ Stunden gehen lassen, bis sich sein Volumen verdoppelt hat.

3 Den Teig zu 2 Wecken formen, auf gefettete Backbleche legen und mit Wasser bestreichen. Mit den restlichen Dinkelflocken bestreuen und noch einmal 10 Minuten gehen lassen.

4 Die Brote in den kalten Backofen (mittlere Schiene) schieben. Auf den Boden des Backofens ein Gefäß mit Wasser stellen. Brote bei 200 °C (Umluft 180 °C, Gas Stufe 3) etwa 1¼ Stunden backen.

5 Im geöffneten Backofen 10 Minuten ruhen lassen, herausnehmen und zum Erkalten auf ein Kuchengitter geben.

Pro Scheibe

610/145 kJ/kcal

5 g Eiweiß • 2 g Fett

26 g Kohlenhydrate

3 g Ballaststoffe

9 mg Cholesterin

Tipp Im Umluftherd können Sie die Brote gleichzeitig backen, bei Ober- und Unterhitze oder im Gasbackofen schiebt man sie nacheinander ein. Dann braucht das Brot auf dem zweiten Blech nur noch etwa 1 Stunde Backzeit. Das Wasser im Backofen sorgt für genügend Feuchtigkeit beim Backen. Das Brot geht schön auf, weil sich nicht zu rasch eine feste Kruste bildet. Die Brote zur Verzierung mit allerlei Gewürzen und Samen wie Kümmel, Sesam oder Mohn bestreuen.

Käsebrötchen

1 Die Hefe zerbröckeln und mit ¼ Liter lauwarmem Wasser verrühren. Das Dinkelmehl in eine Schüssel geben, mit Salz mischen und in die Mitte des Mehls eine Vertiefung drücken.

2 Die angerührte Hefe dazugießen und mit dem Mehl vermischen. Das Ei, den Käse und das Öl zugeben und mit den Knethaken des Handrührers etwa 5 Minuten rühren, bis der Teig Blasen wirft und sich vom Schüsselrand löst. Den Teig zugedeckt etwa 1 Stunde gehen lassen, bis sich das Volumen etwa verdoppelt hat.

3 Die Arbeitsfläche mit etwas Mehl bestreuen und den Teig darauf mit den Händen kräftig durchkneten. Zu 12 Brötchen formen.

4 Auf ein gefettetes Backblech legen, mit Milch bestreichen, mit Mohn oder Sesam bestreuen und weitere 30 Minuten gehen lassen. Inzwischen den Backofen auf 200 °C (Umluft 180 °C, Gas Stufe 3) vorheizen.

5 Brötchen in den heißen Ofen schieben und in etwa 20 Minuten goldbraun backen. Auf einem Kuchengitter abkühlen lassen und frisch servieren.

Pro Portion

742/177 kJ/kcal • 7 g Eiweiß
5 g Fett • 25 g Kohlenhydrate
2 g Ballaststoffe
21 mg Cholesterin

Für 15 Stücke

- 1 Würfel Hefe (40 g)
- 500 g Dinkelvollkornmehl
- Salz
- 1 mittelgroßes Ei
- 100 g geriebener Parmesankäse
- 1 knapper EL Olivenöl
- Mehl zum Formen
- Fett für das Blech
- 4 EL Milch zum Bestreichen
- 2 EL Mohn und Sesamsamen zum Bestreuen

■ *Zubereitungszeit:
190 Minuten
Arbeitszeit: 30 Minuten*

Info Der Begriff »Vollkornmehl« besagt, dass das ganze Korn gemahlen wird, inklusive aller Randschichten und des Keimlings. Die Hülsen und Spelzen können dabei entfernt sein. Obwohl Ballaststoffe verloren gehen, ist die Reinigung des Getreides von Vorteil, damit Schadstoffe und Schmutz entfernt werden. Der Ausmahlungsgrad beträgt 100 Prozent. Dieser gibt den Gewichtsanteil des beim Vermahlen anfallenden Mehles wieder. Niedrig ausgemahlene Mehle wie Auszugsmehl haben in der Regel weniger Mineralstoffe. Die Mehltype spiegelt den Mineralstoffgehalt eines Mehles wider. Mehle der Type 405 haben einen mittleren Gehalt, Mehle der Type 1050 einen hohen. Zur Zeit gibt es etwa 20 verschiedene Mehltypen im Handel.

Für 4 Portionen

- 400 g Dinkelkörner
- 2 Zwiebeln
- 50 g Sonnenblumenkerne
- 60 g Bergkäse, frisch gerieben
- Salz
- 1 TL Koriander
- 1 TL Oregano
- 4 EL Sonnenblumenöl

■ *Zubereitungszeit:*
150 Minuten
Arbeitszeit: 30 Minuten

Für 12 Stücke

- 500 g Dinkelvollkornmehl
- 1 Päckchen Trockenhefe
- 1 EL Apfelkraut
- 1 Prise Salz
- abgeriebene Schale von
  1/4 unbehandelten Zitrone
- 1 Ei
- 3/8 l lauwarme Milch
- 40 g weiche Butter oder
  Pflanzenmargarine
- 100 g Studentenfutter
- Mehl zum Formen
- Fett für das Blech
- 2 EL Sahne zum Bestreichen

■ *Zubereitungszeit:*
120 Minuten
Arbeitszeit: 60 Minuten

Herzhafte Dinkelplätzchen

1 Die Dinkelkörner mit 800 Milliliter Wasser einmal aufkochen, zugedeckt bei schwacher Hitze 1 Stunde kochen und auf der abgeschalteten Kochstelle noch 1 Stunde quellen lassen.

2 Die Zwiebeln schälen und fein hacken. Die Dinkelkörner abgießen, mit den Zwiebeln, den Sonnenblumenkernen, den Eiern und dem Käse vermischen und kräftig mit den Gewürzen abschmecken.

3 Öl in einer Pfanne erhitzen. Aus dem Dinkelteig handtellergroße Plätzchen formen und von beiden Seiten braten.

Pro Portion
2253/538 kJ/kcal • 18 g Eiweiß
22 g Fett • 66 g Kohlenhydrate
10 g Ballaststoffe
11 mg Cholesterin

Tipp Dazu passt der Bohnensalat von Seite 34.

Knusperbrötchen

1 Mehl, Hefe, Apfelkraut, Salz, Zitronenschale und Ei in eine Schüssel geben. Milch und Fett zugeben und alles mit den Knethaken des Handrührgerätes etwa 5 Minuten durchrühren, bis der Teig Blasen bildet und sich vom Rand der Schüssel löst.

2 Den Teig zugedeckt etwa 1 Stunde bei Zimmertemperatur gehen lassen, bis sich sein Volumen verdoppelt hat. Das Studentenfutter klein hacken.

3 Teig auf Mehl noch einmal kräftig durchkneten, dabei das Studentenfutter unterkneten.

12 Brötchen formen, auf ein gefettetes Backblech legen und mit der Sahne bestreichen. Zugedeckt 15 Minuten gehen lassen. Den Backofen auf 200 °C (Umluft 180 °C, Gas Stufe 3) vorheizen. Die Brötchen einschieben und in 20 bis 25 Minuten goldbraun backen.

Pro Portion
1091/260 kJ/kcal
7 g Eiweiß • 9 g Fett
36 g Kohlenhydrate
3 g Ballaststoffe
35 mg Cholesterin

Fladenbrote mit Pinienkernen

Für 6 Stücke

- 300 g Dinkelvollkornmehl
- 100 g Roggenvollkornmehl
- 1 Päckchen Trockenhefe
- je 1 TL getrockneter Rosmarin, Thymian und Oregano
- 2 TL brauner Zucker
- Salz, grob gemahlener Pfeffer
- 4 EL Olivenöl
- 60 g Pinienkerne
- 4 Knoblauchzehen
- Fett für die Bleche
- grobes Salz

■ *Zubereitungszeit:*
190 Minuten
Arbeitszeit: 30 Minuten

1 Beide Mehlsorten mit Trockenhefe, der halben Menge Kräuter, Zucker, Salz und Pfeffer vermischen. $1/4$ Liter lauwarmes Wasser und 2 Esslöffel Öl zugießen und alles mit den Knethaken des Handrührers etwa 5 Minuten rühren, bis der Teig Blasen bildet und sich vom Schüsselrand löst.

2 Den Teig zugedeckt bei Zimmertemperatur 30 Minuten gehen lassen. Inzwischen die Pinienkerne in einer Pfanne ohne Fettzugabe goldbraun rösten.

3 Den Teig auf Mehl kräftig durchkneten und dabei die Pinienkerne unterkneten. Weitere 30 Minuten gehen lassen. Noch einmal durchkneten, in 6 Stücke teilen und auf Mehl zu etwa fingerdicken, ovalen Fladen ausrollen.

4 Fladen auf gefettete Backbleche legen, mit einer Gabel mehrmals einstechen, mit dem restlichen Öl bestreichen und mit dem Rest der Kräuter bestreuen. Zugedeckt weitere 15 Minuten gehen lassen. Den Backofen auf 200 °C (Umluft 180 °C, Gas Stufe 3) vorheizen. Die Brote in den heißen Ofen schieben und in 15 bis 25 Minuten goldbraun backen.

Pro Portion

1564/373 kJ/kcal • 9 g Eiweiß
16 g Fett • 49 g Kohlenhydrate
6 g Ballaststoffe
4 mg Cholesterin

Info Fladenbrot ist in Finnland, Norwegen und der Türkei heimisch. Solange man zurückdenken kann, galt das Fladenbrot als einer der Hauptenergielieferanten. Für die Herstellung benötigte man keinen Backofen: Es wurde sogar über offenem Feuer oder erhitzten Steinen gebacken. Je nach Backdauer eignet sich das Fladenbrot zum direkten Verzehr oder bei längerer Backzeit und Härte als Vorrat.

Tipp Fladenbrote ergeben gefüllt eine leckere Abendmahlzeit. Gemüsefüllungen eignen sich ebenso wie Fleisch oder Käse. Die Fladen können vor oder nach dem Backen belegt werden.

Für 1 Brot à 20 Scheiben

- 1 1/2 Würfel frische Hefe (60 g)
- 2 TL Zucker
- 500 g Dinkelvollkornmehl
- 250 g Grünkernschrot
- 200 g Roggenvollkornmehl
- 100 g Weizenvollkornmehl
- 1 EL Salz
- 1 EL Fenchelsamen
- 1 Beutel Sauerteig (150 g)
- 1/2 EL Öl
- 50 g Leinsamen
- Fett für die Form
- 4 EL Sahne
- 3 EL Öl

■ *Zubereitungszeit:*
190 Minuten
Arbeitszeit: 30 Minuten

Vierkornbrot

1 Für den Vorteig die Hefe mit 1/8 Liter warmem Wasser und dem Zucker verrühren, etwas Mehl darüber streuen und an einem warmen Platz 15 Minuten gehen lassen.

2 Die Mehlsorten mit Salz und Fenchelsamen vermischen. 1/2 Liter lauwarmes Wasser, Sauerteig, Hefevorteig und Öl zugeben und den Teig mit den Knethaken des Handrührers etwa 5 Minuten kneten, bis er Blasen bildet und sich vom Schüsselrand löst. Den Teig mit einem Tuch abdecken und an einem warmen Platz gehen lassen, bis er sein Volumen verdoppelt hat.

3 Die Leinsamen mit einem Kochlöffel unter den Teig mischen. Eine Backform von 30 Zentimeter Länge einfetten und den Teig einfüllen. Die Sahne und das Öl verrühren und das Brot damit bestreichen. Das Brot in den kalten Backofen (untere Schiene) stellen und bei 200 °C (Umluft 180 °C, Gas Stufe 3) etwa 1 Stunde backen.

4 Den Backofen abschalten und das Brot bei geöffneter Backofentür noch 15 Minuten ruhen lassen. Aus der Form nehmen und völlig erkalten lassen.

Pro Portion

1018/243 kJ/kcal • 7 g Eiweiß
7 g Fett • 38 g Kohlenhydrate
6 g Ballaststoffe
8 mg Cholesterin

Info Fenchel wurde in den kaiserlichen Gütern kultiviert, weil Kraut und Samenkörner gegen Blasen- und Nierenleiden, Blähungen und Frauenbeschwerden verordnet wurden. Fenchel zählt zu den wenigen echten Hildegard-Heilmitteln. Den Saft des frischen Krautes nehme man bei Augenleiden und Sehschwäche, selbst gegen Mundgeruch. Hildegard mag ihn lieber als den verwandten Dill. Dieser, so sagt sie, mache traurig. Tatsächlich ist Dill ein Beruhigungs- und Schlafmittel, während Fenchel aufmuntert. Dass er die Verdauung fördert, schätzen wir heute noch an Fenchel, und er ist in Babytee enthalten, um Blähungen und Darmkoliken zu vermeiden.

Über die Autorin

Veronika Paulmann, geboren in Dresden, Hauswirtschaftslehrerin und Ökotrophologin, lebt heute mit ihrer Familie (Ehemann und drei Kinder) im Siegerland. Sie beschäftigt sich seit vielen Jahren mit alternativen Ernährungsformen und mit der Hildegard-Küche. In der Praxis hat sie sich vor allem auf die Dinkel- und Kräuterküche der Äbtissin spezialisiert.

Literaturnachweis

Basler Hildegard-Gesellschaft (Hg.): Hl. Hildegard Dinkelkochbuch. Pattloch Verlag. Augsburg 1992
Gamerith, Anni: Lebendiges Ganzkorn. Neue Sicht zur Getreidefrage. Verlag Neues Leben. Bad Goisern 1956
Hertzka, Gottfried und *Strehlow, Wighard:* Küchengeheimnisse der Hildegard-Medizin. 9. Auflage. Verlag Hermann Bauer. Freiburg im Breisgau 1997
Rias-Bucher, Barbara: Gesunde Köstlichkeiten aus der Getreideküche. Südwest Verlag. München 1998
Strehlow, Wighard: Hildegard-Heilkunde von A–Z. Droemersche Verlagsanstalt. München 1993
Thomas, Berthold: Vollkorn bietet mehr. Diaita-Verlag. Bad Homburg 1986

Hinweis

Das vorliegende Buch ist sorgfältig erarbeitet worden. Dennoch erfolgen alle Angaben ohne Gewähr. Weder Autorin noch Verlag können für eventuelle Nachteile oder Schäden, die aus den im Buch gemachten praktischen Hinweisen resultieren, eine Haftung übernehmen.

Bildnachweis

Bilderberg, Hamburg: U4 (Klaus Bossemeyer), 1 (Frieder Blickle); Das Fotoarchiv, Essen: 4 (Knut Müller), 8 (Bernd Euler); Fotodesign Christian Kargl/Ute Schoenenburg, München: Titel, 10, 28–89; Südwest Verlag, München: 5 (Christian Kargl), 6 (N. N.), 18 (Sabine Lauf); Tony Stone, München: 17 (Michael Busselle); Transglobe Agency, Hamburg: 22 (Antje Wiech)

Impressum

© 1998 Südwest Verlag GmbH in der Verlagshaus Goethestraße GmbH & Co. KG, München

Redaktion und ökotrophologische Fachberatung:
Susanne Kirstein
Nährwertberechnungen:
NutriService, Sankt Augustin
Projektleitung:
Stephanie Wenzel
Bildredaktion:
Ute Schoenenburg
Produktion:
Manfred Metzger
Umschlag:
Heinz Kraxenberger, München
DTP:
satz & repro Grieb, München
Druck:
Color Offset, München
Bindung:
Oldenbourg, München

Printed in Germany

Gedruckt auf chlor- und säurearmem Papier

ISBN: 3-517-07685-6

Rezepteregister

Sachregister